中华人民共和国行业推荐性标准

公路隧道交通工程与附属设施施工技术规范

Technical Specifications for Construction of
Traffic Engineering and Affiliated Facilities of Highway Tunnel

JTG/T F72—2011

主编单位：重庆市交通委员会
批准部门：中华人民共和国交通运输部
实施日期：2012 年 01 月 01 日

人民交通出版社

图书在版编目（CIP）数据

公路隧道交通工程与附属设施施工技术规范：JTG/T F72—2011／重庆市交通委员会主编. --北京：人民交通出版社，2011.12

ISBN 978-7-114-09509-2

Ⅰ.①公… Ⅱ.①重… Ⅲ.①公路隧道－交通工程－工程施工－技术规范 Ⅳ.①U459.2-65②U491-65

中国版本图书馆 CIP 数据核字（2011）第 237187 号

中华人民共和国行业推荐性标准
公路隧道交通工程与附属设施施工技术规范
JTG／T F72—2011

重庆市交通委员会　主编

人民交通出版社出版发行

（100011　北京市朝阳区安定门外外馆斜街3号）

各地新华书店经销

北京市密东印刷有限公司印刷

开本：880×1230　1/16　印张：5.5　字数：112千

2011年12月　第1版

2022年6月　第6次印刷

定价：35.00元

ISBN 978-7-114-09509-2

中华人民共和国交通运输部

公　　告

2011 年第 80 号

关于公布公路隧道交通工程与附属设施施工技术规范的公告

现公布《公路隧道交通工程与附属设施施工技术规范》(JTG/T F72—2011),作为公路工程行业推荐性标准,自 2012 年 1 月 1 日起施行。

该规范的管理权和解释权归交通运输部,日常解释和管理工作由主编单位重庆市交通委员会负责。

请各有关单位在实践中注意总结经验,及时将发现的问题和修改建议函告重庆市交通委员会(地址:重庆市渝北区红锦大道 20 号,邮编:401147),以便修订时研用。

特此公告。

中华人民共和国交通运输部
二〇一一年十一月七日

主题词:公路　隧道　规范　公告

交通运输部办公厅　　　　　　　　　　　　　　　2011 年 11 月 8 日印发

前 言

为进一步提高公路隧道交通工程与附属设施施工质量,交通运输部(原交通部)以《关于下达 2005 年度公路行业标准制修订项目计划的通知》(交公路发〔2005〕354 号),下达了《公路隧道交通工程与附属设施施工技术规范》的编制任务,由重庆市交通委员会为主编单位,负责该规范的编制工作。

规范编制过程中,编制组对全国已建和在建的公路隧道交通工程与附属设施进行了广泛的技术调研,收集并分析了大量设计文件、施工文件、工程报告以及运营管理资料,充分借鉴并总结了国内外公路隧道交通工程与附属设施建设的先进技术和成功经验。

《公路隧道交通工程与附属设施施工技术规范》共分为 14 章,主要内容有:标志、标线,照明与照明控制设施,通风与通风控制设施,交通监控设施,紧急呼叫设施,火灾报警设施,消防与避难设施,供配电设施,中央控制管理设施,接地与防雷设施,缆线及相关设施、设备基础等。

请各有关单位在使用中注意总结经验,将发现的问题和意见函告重庆市交通委员会(地址:重庆市渝北区红锦大道 20 号,邮编:401147),以便修订时研用。

主 编 单 位:重庆市交通委员会

参 编 单 位:招商局重庆交通科研设计院有限公司
重庆渝信路桥发展有限公司
重庆市华驰交通科技有限公司
浙江省公路管理局
重庆交通建设(集团)有限责任公司

主要起草人:张太雄　彭建康　姬为宇　周　欣　邹小春　黄卫东　朱　文
杜长东　李　剑　刘　勇　腾　旭　梅　兵　雷荣富　李　彬
喻小红　谭江丽　蔡晓峰　欧卫东　蒙　红　晏胜波

目　　录

1 总则 ………………………………………………………………………… 1
2 术语和符号 ………………………………………………………………… 2
  2.1 术语 …………………………………………………………………… 2
  2.2 符号 …………………………………………………………………… 3
3 基本规定 …………………………………………………………………… 4
4 标志、标线 ………………………………………………………………… 8
  4.1 一般规定 ……………………………………………………………… 8
  4.2 设备材料检验 ………………………………………………………… 8
  4.3 隧道内标志 …………………………………………………………… 9
  4.4 隧道外标志 …………………………………………………………… 9
  4.5 标线 …………………………………………………………………… 10
5 照明与照明控制设施 ……………………………………………………… 11
  5.1 一般规定 ……………………………………………………………… 11
  5.2 设备材料检验 ………………………………………………………… 11
  5.3 隧道内照明灯具、照明接线箱 ……………………………………… 12
  5.4 隧道洞口照明灯具 …………………………………………………… 13
  5.5 照明检测与控制设备 ………………………………………………… 13
  5.6 调试与检查 …………………………………………………………… 13
6 通风与通风控制设施 ……………………………………………………… 15
  6.1 一般规定 ……………………………………………………………… 15
  6.2 设备材料检验 ………………………………………………………… 15
  6.3 风机安装的基本要求 ………………………………………………… 16
  6.4 射流风机 ……………………………………………………………… 17
  6.5 轴流风机 ……………………………………………………………… 17
  6.6 通风环境检测与控制设备 …………………………………………… 19
  6.7 调试与检查 …………………………………………………………… 19
7 交通监控设施 ……………………………………………………………… 21
  7.1 一般规定 ……………………………………………………………… 21
  7.2 设备材料检验 ………………………………………………………… 21
  7.3 车辆检测器 …………………………………………………………… 21
  7.4 摄像机 ………………………………………………………………… 22

7.5	交通控制与诱导信息发布设备	23
7.6	区域控制单元	23
7.7	调试与检查	24

8 紧急呼叫设施 ... 25
8.1	一般规定	25
8.2	设备材料检验	25
8.3	紧急电话	25
8.4	有线广播	26
8.5	调试与检查	26

9 火灾报警设施 ... 27
9.1	一般规定	27
9.2	设备材料检验	27
9.3	点型火灾探测器	27
9.4	线型火灾探测器	28
9.5	手动火灾报警按钮	29
9.6	火灾报警控制器	29
9.7	调试与检查	30

10 消防与避难设施 ... 32
10.1	一般规定	32
10.2	设备材料检验	32
10.3	消火栓及附件	33
10.4	固定式水成膜泡沫灭火装置	34
10.5	消防水泵	34
10.6	消防水池	35
10.7	管网	36
10.8	系统试压和冲洗	38
10.9	避难设施	41
10.10	调试与检查	41

11 供配电设施 ... 43
11.1	一般规定	43
11.2	设备材料检验	43
11.3	高低压配电柜(盘、箱)	44
11.4	母线	46
11.5	变压器	48
11.6	柴油发电机组	49
11.7	不间断电源(UPS)和应急电源装置(EPS)	51
11.8	箱式变电站	52

11.9　调试与检查 …………………………………………………… 52
12　中央控制管理设施 …………………………………………………… 56
　　12.1　一般规定 ……………………………………………………… 56
　　12.2　设备材料检验 ………………………………………………… 56
　　12.3　控制台 ………………………………………………………… 57
　　12.4　机柜 …………………………………………………………… 58
　　12.5　信息显示设备 ………………………………………………… 58
　　12.6　计算机及网络设备 …………………………………………… 59
　　12.7　软件 …………………………………………………………… 60
　　12.8　调试与检查 …………………………………………………… 61
13　接地与防雷设施 ……………………………………………………… 64
　　13.1　一般规定 ……………………………………………………… 64
　　13.2　设备材料检验 ………………………………………………… 64
　　13.3　接地设施 ……………………………………………………… 64
　　13.4　防雷设施 ……………………………………………………… 66
　　13.5　调试与检查 …………………………………………………… 67
14　缆线及相关设施、设备基础 ………………………………………… 68
　　14.1　一般规定 ……………………………………………………… 68
　　14.2　材料检验 ……………………………………………………… 68
　　14.3　电缆桥架、支架、线槽 ……………………………………… 69
　　14.4　缆线管道 ……………………………………………………… 71
　　14.5　电缆敷设 ……………………………………………………… 71
　　14.6　光缆敷设 ……………………………………………………… 73
　　14.7　设备基础 ……………………………………………………… 74
本规范用词用语说明 ……………………………………………………… 76

1 总则

1.0.1 为指导公路隧道交通工程与附属设施施工及施工管理,保证公路隧道的安全及服务水平,进一步提高公路隧道交通工程与附属设施施工质量,制定本规范。

1.0.2 本规范适用于高速公路及一、二级公路的新建隧道,其他隧道可参照执行。

1.0.3 公路隧道交通工程与附属设施施工必须符合国家在安全生产方面的有关规定,采取完备的安全生产措施,保障人员、设施的安全。

1.0.4 公路隧道交通工程与附属设施施工不得危及、破坏隧道主体结构的安全。

1.0.5 公路隧道交通工程与附属设施施工必须符合国家在环境保护方面的有关规定。

1.0.6 公路隧道交通工程与附属设施施工应贯彻国家的技术经济政策,积极采用成熟可靠的新技术、新工艺、新材料和新设备。

1.0.7 公路隧道交通工程与附属设施施工除应符合本规范外,尚应符合国家现行有关标准的规定。

条文说明

本规范应与现行《公路隧道交通工程设计规范》(JTG/T D71)和《公路工程质量检验评定标准》(JTG F80)等相应规范配套使用。由于公路隧道交通工程涵盖专业多,本规范的制定是针对整个系统的功能而统一考虑的,与专业规范相比,只是主要的、原则性的要求,因而在执行中,在本规范所涵盖的范围外,还应按国家及行业现行标准、规范执行。

2 术语和符号

2.1 术语

2.1.1 电光标志 electric sign
内置电光源,带有一定图形、符号的发光标志。

2.1.2 照度 illuminance
落在单位面积上的光通量,计量单位为勒克斯(lx)。

2.1.3 亮度 luminance
光源(反光体)在某一方向的亮度是光源(反光体)在这一方向的光强与发(反)光面在该方向上投影面积之比,计量单位为坎德拉/平方米(cd/m^2)。

2.1.4 轴流风机 axial flow fan
气体沿叶片轴向流动的通风机。

2.1.5 射流风机 jet fan
由产生的高速喷射气流,推动隧道内的空气顺着射流方向运动,以通风换气的一种轴流风机。

2.1.6 区域控制单元 local controller
设置在隧道现场,对一定范围内的设备进行集中控制和管理的设备。

2.1.7 车辆检测器 vehicle detector
检测车辆通行状态、测量交通量及车辆速度等参数的设备。

2.1.8 车道指示器 lane indicator
指示车道的开启、关闭和行驶方向的设备。

2.1.9 点型火灾探测器 spot fire detector

响应空间某一点周围的火灾参数的火灾探测器。

2.1.10　线型火灾探测器　line fire detector
响应空间某一连续线路周围的火灾参数的火灾探测器。

2.1.11　声压级　sound pressure level
声压与基准声压比值的对数值，单位为分贝(dB)。

2.1.12　串扰　crosstalk
两条信号线之间的耦合、信号线之间的互感和互容所引起的线上的噪声。

2.1.13　水成膜泡沫灭火剂　aqueous film forming foam extinguishing agent
能够在液体燃料表面形成一层抑制可燃液体蒸发的水膜的泡沫灭火剂。

2.1.14　IP 防护等级　ingress protection
衡量电器等设备防尘、防水特性的程度。IP 防护等级由 IP 字符及两个数字组成：第一个数字表示电器等设备防尘、防止外物侵入的等级；第二个数字表示电器等设备防湿气、防水侵入的密闭程度。数字越大表示其防护等级越高。

2.2　符号

CCC——中国强制认证标志；
CO——一氧化碳检测器；
EPS——应急电源装置；
EIA/TIA568——由美国电子工业协会/电信工业协会制定的一种布线标准；
N——中性线，即零线；
NO_x——氮氧化合物；
PE——保护导体，即地线；
PEN——保护中性导体，又称保护接零线；
TW——风速风向检测器；
UPS——不间断电源系统；
VI——能见度检测器。

3 基本规定

3.0.1 公路隧道交通工程与附属设施施工前应完成以下准备工作：
1 收集并核对与工程有关的设计文件。
2 完成设计技术交底。
3 核对相关土建工程及其他有关工程完成情况，并完成工程交接。
4 调查现场运输条件、供电、场地布置情况。
5 调查当地的气象及消防水源、水质情况。
6 调查本工程所需的征地情况。

条文说明

施工前应收集与核对的设计文件包括隧道交通工程与附属设施设计文件、相关土建设计文件等。熟悉施工图纸，了解相关设施的建设情况，是基本的要求。

设计文件和现场情况往往不完全一致，故施工前需要对现场进行调查核对，应针对工程特点，按拟定的调查内容、范围和步骤，做好现场调查核对工作。

3.0.2 公路隧道交通工程与附属设施施工前应编制施工组织设计。施工组织设计应包括以下内容：
1 工程特点；
2 组织机构方案；
3 施工人员及设备组织方案；
4 技术管理方案；
5 分项工程施工技术方案；
6 质量管理方案；
7 进度管理方案；
8 安全管理方案；
9 文明与环保管理方案；
10 资料管理方案。

条文说明

良好的实施性施工组织设计有利于施工的顺利进行。

3.0.3 公路隧道交通工程与附属设施施工前应进行合同、技术、质量、安全、文明施工培训和交底工作。

3.0.4 施工所需临时设施及施工机具应满足施工要求。

3.0.5 施工中采用的各种计量和检测器具,应符合国家现行计量法规的规定。

3.0.6 设备及主要安装材料进场时应进行检查,并做好记录。检查内容应包括:
1 包装情况;
2 规格、型号、数量;
3 装箱清单、技术文件、质量证明资料、专用工具等;
4 外观。

条文说明

主要设备、材料进场检验的工作过程、检验方式应有书面记录。

3.0.7 安装设备、材料及其零部件、专用工具、随机文件,均应分类保管。

3.0.8 所有施工人员必须遵守安全操作规程;特种作业人员必须具备相应资格并持证上岗。

条文说明

公路隧道交通工程与附属设施施工中的特种作业人员主要指安装电工、焊工、起重工等。

3.0.9 隧道内施工时宜封闭交通。不允许封闭交通时,应制订专门的安全管理方案。

条文说明

隧道内施工时,通行车辆往往影响到现场人员、设备的安全,宜封闭交通。现场条件不允许封闭交通时,则应制订专门的安全管理方案,方案中应包括施工场地平面布置、个人安全用品管理、安全警示设施布设、现场照明管理等,并应符合国家在安全生产方面的有关规定。

3.0.10 施工现场应设置安全警示设施。

条文说明

施工现场应设置足够数量的反光标志牌、反光锥等警示设施;在危险路段或地点应有专门的警示设施;施工机具上应贴反光膜。

危险路段或地点:路上临时堆放物体的路段或地点;为安装、预埋或构筑其他设施而在路上挖孔、挖沟的路段或地点。

3.0.11 隧道内施工路段应设置照明设施。车行道以外施工点照度不宜小于4lx;车行道以内施工点照度不宜小于15lx。

条文说明

隧道内施工路段设置照明的目的除了为施工场地作照明外,还应有便于质量监督、提醒过路施工车辆注意、为过路施工车辆照明、保障安全的作用。施工时宜采用非定向光源增强对过路车辆的警示功能。

3.0.12 隧道内施工路段应采取降尘措施,粉尘的8h时间加权平均浓度不得大于4mg/m^3,15min时间加权平均浓度不得大于8mg/m^3。

条文说明

本条根据《工作场所有害因素职业接触限值》(GBZ 2.1—2007)制定。

3.0.13 施工中必须严格执行工序自检制度、工序交接检查制度。

条文说明

工序自检制度、工序交接检查制度是保证施工质量的重要措施,必须严格执行。

3.0.14 隐蔽工程必须在隐蔽前进行检验,并做好记录。

条文说明

必须在隐蔽前检查隐蔽工程的质量。若隐蔽后再发现问题,可能会对工期、费用产生较大影响,有些隐蔽工程甚至很难进行整改。有的隐蔽工程不经检查就隐蔽后,其质量问题甚至有可能要几年后才能发现。隐蔽工程的检验记录是问题查找与溯源的依据,是施工质量管理的重要步骤。

3.0.15 调试与检查前应编制调试与检查计划。

3.0.16 各子系统的调试应按先空载、后负载,先单机、后联机的次序进行。

3.0.17 施工中应积累资料、数据,做好各道工序的原始记录,及时提交竣工文件。

条文说明

施工中,应做好以下资料的收集和记录工作:

(1)相关设计资料;

(2)现场调查记录;

(3)设备材料出厂检验记录、到场检验记录、第三方检验记录、安装检验记录、调试记录、隐蔽工程检验记录;

(4)系统调试与功能检测记录、验收记录;

(5)施工图像记录;

(6)其他重要资料或记录。

4 标志、标线

4.1 一般规定

4.1.1 标志、标线的施工内容主要包括隧道内外标志、标线的安装及检查。

4.1.2 标志、标线施工应在具备以下条件时进行：
1 隧道外标志安装前路基施工已完成，隧道内标志安装前隧道装饰已完成。
2 标线施工前路面施工已完成，路面干燥，无灰尘、杂物。
3 突起路标施工前路面标线施工已完成。

条文说明

2 路面清洁、干燥是涂料与路面结合牢固的重要条件。可采用高压水枪、风机等清除路面上的灰尘、泥沙，并在路面干燥后才能施工。

4.1.3 标志的加工、制作及设置应符合现行《道路交通标志和标线》(GB 5768)、《道路交通标志板及支撑件》(GB/T 23827)、《公路交通标志和标线设置规范》(JTG D82)和《公路交通安全设施施工技术规范》(JTG F71)的规定。

4.1.4 现场气温低于规定温度时，应暂停标线的施工。

4.2 设备材料检验

4.2.1 标志结构件、标志版面的形状、颜色、文字、箭头、编号、图形及边框应符合现行《道路交通标志和标线》(GB 5768)和《公路交通安全设施施工技术规范》(JTG F71)的规定。

4.2.2 电光标志的标志面亮度和防护等级应满足设计要求；标志面应平整、光滑，无翘曲变形、裂纹、气泡、划痕及损伤；标志面亮度应均匀。

4.2.3 路面标线涂料应符合现行《路面标线涂料》(JT/T 280)、《道路交通标线质量要求和检测方法》(GB/T 16311)的规定。

4.2.4 突起路标进场时应按规范检测其外观、颜色、反光性能、抗压荷载,粘贴剂品种应满足设计要求。

条文说明

突起路标的外观和颜色应现场检查;反光性能、抗压荷载应抽样后送有资质的检测部门检测。抽样和判定标准应符合现行《公路交通安全设施质量检验抽样及判定》(JT/T 495)的规定。

4.2.5 轮廓标进场时应检测其外观、颜色、反光性能,其底板不得有砂眼、毛刺、飞边或其他缺陷。

4.2.6 主动发光轮廓标进场时应进行通电发光检测。

4.3 隧道内标志

4.3.1 隧道内标志主要包括紧急电话指示、消防设备指示、行人横洞指示、行车横洞指示、紧急停车带指示及疏散指示标志等。

4.3.2 标志安装位置和角度应满足设计要求,纵向误差不应大于0.5m,高度误差不应大于50mm。

4.4 隧道外标志

4.4.1 隧道外标志主要包括隧道标志、限高标志等。

4.4.2 隧道外标志施工应符合下列规定:
1 标志立柱、横梁及连接件的制作长度误差不应大于1%,其断面尺寸应满足设计要求;焊缝不得有裂纹、未熔合、夹渣和未填满弧坑等缺陷;构件不得变形。
2 标志应按设计要求定位。当标志板面受到遮挡,影响标志的认读时,应调整标志位置。
3 标志立柱应在基础混凝土强度达到设计强度的80%以上时方可安装,立柱垂直偏差不应大于3mm/m;吊装悬臂式标志、门架式标志横梁时,横梁预拱度应满足设计要求。
4 标志板下缘至路面高度及板内侧距路肩边线距离的允许偏差为(0,+100mm)。

4.5 标线

4.5.1 道路标线施工应符合下列规定：
1 喷涂标线时，应设置警告标志，阻止车辆及行人在作业区内通行，直至标线干燥。
2 标线应平顺、光洁、均匀，厚度应满足设计要求。

4.5.2 突起路标安装完成后顶部超出路面高度不得大于 25mm。

4.5.3 轮廓标的施工应符合下列规定：
1 轮廓标安装高度偏差不应大于 20mm；安装角度应满足设计要求。
2 安装牢固，连接件应进行防腐处理。

5 照明与照明控制设施

5.1 一般规定

5.1.1 隧道照明与照明控制设施施工内容主要包括隧道内照明灯具、照明接线箱、隧道洞口照明灯具、照明检测与控制设备等的安装、调试与检查。

5.1.2 隧道照明与照明控制设施安装应在隧道内喷涂作业完成后进行。

5.2 设备材料检验

5.2.1 隧道内照明灯具、照明接线箱的进场检查应满足以下要求：
1 产品合格证、质量检测报告等资料应齐全，各种参数应满足设计要求。
2 灯具电气元件、配件齐全，规格型号应满足设计要求，无机械损伤、变形、防腐层剥落、灯罩破裂等现象。
3 灯具底座的调节范围应满足设计要求。
4 支撑系统材质、承载能力应满足设计要求。当设计无要求时，支撑系统应能承受所支撑的设备和支撑系统本身重力之和的3倍。
5 强电端子对机壳绝缘电阻不应小于50MΩ。

条文说明

4 支撑系统应能承受所支撑的设备和支撑系统本身的3倍重力主要是从安全角度考虑，取经验值，施工现场可抽样做拉拔试验进行检测。
5 设备强电端子对机壳绝缘电阻采用500V兆欧表测试。

5.2.2 隧道洞口照明灯具的进场检查应满足以下要求：
1 产品合格证、质量检测报告等资料应齐全，各种参数应满足设计要求。
2 灯杆、灯臂、抱箍、螺栓、压板等金属构件应已作防腐处理。
3 灯具应配件齐全，无机械损伤、变形、防腐层剥落、灯罩破裂等现象；灯具的防护等级应满足设计要求。
4 反光器表面应清洁，已进行抛光氧化或镀膜处理，表面无明显划痕。

5 封闭灯具的灯头引线应采用耐热绝缘管保护,灯罩与尾座的连接应紧密。

6 灯头应固定牢固,可调灯头应按设计调整至正确位置,相线应接中心触点端子,零线应接螺纹口端子;灯头绝缘外套应无损伤、开裂;高压钠灯宜采用中心触点伸缩式灯口。

7 灯头接线应使用额定电压不低于500V的铜芯绝缘线;功率小于400W的灯具,线芯截面不应小于1.5mm²;功率介于400~1 000W之间的灯具,线芯截面不应小于2.5mm²。

8 设备强电端子对机壳绝缘电阻不应小于50MΩ。

9 高杆灯灯杆的直线度不应大于2mm/m,杆长误差不应大于1mm/m。

10 高杆灯的灯杆、灯具、灯盘、配线、升降机构等应符合现行《高杆照明设施技术条件》(CJ/T 3076)的规定。

条文说明

本条主要针对高压钠灯进行规定。其他类型的灯具应根据相应的规范进行检查。

8 设备强电端子对机壳绝缘电阻采用500V兆欧表测试。

5.2.3 照明检测与控制设备的进场检查应满足以下要求:

1 洞外照明检测设备应配遮光罩,并有减振措施。

2 照明检测设备电气元件、配件应齐全,规格型号应满足设计要求,无机械损伤、变形、防腐层剥落、防护罩破裂等现象。

3 照明检测设备立柱、安装支架的材质、结构、防腐处理应满足设计要求。

4 照明控制设备中时间控制器的定时误差应小于±1s/d。

5.3 隧道内照明灯具、照明接线箱

5.3.1 隧道内照明灯具安装应符合下列规定:

1 灯具安装位置纵向偏差不应大于30mm,横向偏差不应大于20mm,高度偏差不应大于10mm。

2 灯具安装应整齐美观、牢固可靠、线形流畅,灯具的安装角度应满足设计要求。

3 应根据照明回路要求接线,宜轮流接入A、B、C相,使三相负荷基本平衡;灯具接线应稳固、排列整齐、标识清晰,灯具进出线孔应密封。

4 灯具外壳应可靠接地。

5.3.2 照明接线箱安装应符合下列规定:

1 照明接线箱安装位置纵向偏差不应大于30mm,横向偏差不应大于20mm,高度偏差不应大于10mm。

2 照明接线箱安装应牢固、整齐、标识清晰。

3 照明接线箱箱体应可靠接地。

4　箱内接线应稳固、排列整齐、标识清晰,进出线孔应密封。

5.4　隧道洞口照明灯具

5.4.1　路灯间距误差不应大于2%,灯具的安装轴线应与车道中心线平行。

5.4.2　吊装高杆灯前必须制订安全合理的吊装方案。

5.4.3　高杆灯宜采用三相供电,三相负荷应均匀分配。

5.4.4　灯杆与架空供电线路的安全距离应符合现行《66kV及以下架空电力线路设计规范》(GB 50061)及《110～500kV架空送电线路设计技术规程》(DL/T 5092)的规定。

5.4.5　中杆灯、路灯灯杆垂直偏差不应大于5mm/m,高杆灯灯杆垂直偏差不应大于3mm/m。

5.4.6　接线应牢固、排列整齐、标识清晰;在灯臂、灯盘、灯杆内的导线不得有接头。

5.4.7　灯具外壳、杆体应可靠接地,接地电阻不应大于10Ω。

5.5　照明检测与控制设备

5.5.1　照明检测设备的检测探头方向应与设计方向一致;立柱结构应满足设计抗风要求,杆体垂直偏差不应大于5mm/m。

5.5.2　检测设备应可靠接地,接地电阻不应大于4Ω。

5.5.3　检测设备的电力电缆、信号电缆接线应牢固、整齐、标识清晰。

5.5.4　照明控制设备宜与低压配电柜、照明控制柜成套组装。

5.6　调试与检查

5.6.1　通电调试前应检查、核对各设备的安装和接线,每个回路的绝缘电阻不应小于0.5MΩ;设备接地应满足设计要求。

5.6.2　依次开启各照明回路,各回路灯具运行应正常。

5.6.3 在市电断电条件下,由 UPS 或 EPS 供电的应急照明回路工作时间应满足设计要求。

5.6.4 各照明段照度、路面照度总均匀度、路面中线照度纵向均匀度应满足设计要求。

5.6.5 紧急停车带、人行横通道、车行横通道照度应满足设计要求。

5.6.6 照明检测设备输出参数的误差应满足设计要求。

5.6.7 高杆灯灯盘升降测试应无异常现象。

条文说明

升降测试时,应使灯盘、灯具及附件从杆下部的检修支撑架到杆顶部的支撑架之间升降,中部制动一次,循环三次,应无异常现象。

5.6.8 手动控制、时间控制、亮度检测自动控制等控制功能应满足设计要求。

6 通风与通风控制设施

6.1 一般规定

6.1.1 通风与通风控制设施施工内容主要包括风机、通风环境检测与控制设备等的安装、调试及检查。

条文说明

　　本章风机分为射流风机和除射流风机外的轴流风机。为简便起见,除射流风机外的轴流风机简称轴流风机。

6.1.2 通风与通风控制设施施工应在具备以下条件时进行:
　1　洞内风机安装点的设备基础、预埋件、预留洞室、风道、机房等均经过检查,位置、尺寸等满足设计要求,预埋预留管孔通畅。
　2　已对风机预埋件的材质进行了检查确认,并制订了相应的焊接施工技术方案。
　3　通风环境检测与控制设备的基础或安装支架已制作完毕。

6.2 设备材料检验

6.2.1 设备的规格型号、外观尺寸应满足设计要求;各部位联结应紧固,外观应无损伤、锈蚀、变形、防腐层脱落等缺陷。

6.2.2 设备随机资料应完整,有风机叶轮静动平衡校正试验、超转速试验、耐高温试验、振动试验、噪声试验、轴向推力试验的记录及叶片与轮毂的无损探伤记录,各参数应符合有关规定。

6.2.3 风机叶片转动应灵活。

6.2.4 风机电机相间和每相对地绝缘电阻不应小于 $0.5M\Omega$,各相直流电阻应平衡。

6.2.5 安装支架热镀锌平均厚度不应小于 $85\mu m$。

6.2.6 植筋锚栓的材料力学性能及锚固剂的锚固性能应满足设计要求并有检验报告。

6.2.7 风机控制柜外观应完好,外形尺寸应符合要求,布线应规范,柜内元件安装应牢固,警告牌、指示牌应完整,电气绝缘电阻不应小于 0.5MΩ。

6.3 风机安装的基本要求

6.3.1 应根据设计文件制订风机的安装施工方案。

条文说明

方案包括风机的搬运吊装方法、风机安装工艺及流程、风机的调试与检查方法、特种作业设备及人员名单、安全文明生产措施等。

6.3.2 安装支架和预埋件焊接时,应选用与风机预埋件金相匹配的支架和焊接材料,并按照预定的焊接施工技术方案进行焊接和防锈处理。

6.3.3 风机支架与预埋件直接焊接相连时,应采用分段对称焊,堆焊高度应大于母材厚度。整个焊缝不得有咬边、夹渣及连续气孔,单个气孔不应大于 1.5mm。

6.3.4 用化学植筋方式安装风机支架时应符合下列规定:
1 植筋施工点的衬砌混凝土强度等级应在 C20 以上,厚度应符合现行《混凝土结构后锚固技术规程》(JGJ 145)的规定。
2 锚孔的孔径、孔深尺寸应满足设计要求,锚孔应避开受力主筋。
3 置入锚固剂前,孔内应清洁干燥。
4 螺栓安装时应以慢速电钻旋入螺杆,至锚固剂流出为止,不得直接敲入;锚固剂应填充密实。
5 植筋植入锚孔后,在固化完成之前,应按照规定的养生条件进行固化养生,固化期间严禁扰动。
6 化学植筋焊接时,应避免高温对锚固剂产生不良影响。

条文说明

3 可用空气压力吹管等工具彻底吹净孔内碎渣和粉尘,再用丙酮擦拭孔道,并保持孔道干燥。

6.3.5 风机安装连接螺栓的强度等级应满足设计要求;螺栓必须紧固,并有防松动和减震装置。

6.3.6 风机外壳应可靠接地。

6.3.7 电缆进入风机处应防水密封。

6.3.8 风机机械安装完成后,应检查确认安装过程未损伤风机、无异物进入风机内、风机和安装附件的防腐层完好。

6.3.9 风机试运转后,应检查确认紧固件无松动。

6.4 射流风机

6.4.1 应根据设计文件确定风机安装的位置和方向。

6.4.2 悬挂安装的风机预埋件应进行荷载试验。

条文说明

　　荷载试验的试验负荷应为风机重力与风机支架重力之和的 15 倍;试验时间宜为 5min;抽检数量应为 100%。
　　试验的目的是验证预埋件及支架的结构强度和承载能力。
　　由于预埋件和支架设计结构形式的多样性,难以对试验结果规定具体的指标,故检测单位除应具有交通运输部基本建设质量监督总站所颁发的桥梁隧道工程检测专项证书外,还应具有相应的经验,才能根据试验的具体情况做合格判定。

6.4.3 搬运和吊装风机的绳索,不得直接钩挂于消声筒上或直接捆缚在机壳上;吊装时应有防止风机滑落的措施。

6.4.4 风机就位后,风机中心线与隧道中心线平行度允许偏差不应大于 100mm。

6.5 轴流风机

6.5.1 轴流风机安装前,应检查基础的位置、外形尺寸、强度,地脚螺栓规格、位置,确认满足设计要求。

6.5.2 各叶片的安装角度应按设备技术文件的规定进行复查和校正,其允许偏差不应大于2°。

6.5.3 可调叶片在关闭状态下与机壳间的径向间隙应符合设备技术文件的规定。当无规定时,其间隙的算术平均值宜为转子直径的1/1 000~2/1 000,其最小间隙不应小于转子直径的1/1 000。

6.5.4 机壳(主风筒)连接时不得产生导致叶顶间隙改变的变形。

6.5.5 机组各部件与其安装底座应紧密接触,紧固件受力应均匀。

6.5.6 风机安装的水平偏差和垂直偏差不应大于1mm/m。

6.5.7 风机的进气、排气管路和其他管路的安装,除应符合现行《工业金属管道工程施工规范》(GB 50235)的规定外,还应符合下列规定:
1 风机的进气、排气系统的管路、大型阀件、调节装置、冷却装置和润滑油系统等管路均应有单独的支撑,并与基础或其他建筑物连接牢固。
2 与风机进气口和排气口法兰相连的直管段上,不得有阻碍热胀冷缩的固定支撑。
3 各管路与风机连接时,法兰面应对中并平行。
4 气路系统中补偿器的安装,应按设备技术文件的规定执行。
5 管路与机壳连接时,机壳不应承受外力;连接后,应复测机组的安装水平程度和主要间隙,并应符合设备技术要求。
6 风道与周围土建结构间应无漏风、漏水的间隙。
7 风机与风道应挠性连接。

6.5.8 轴流风机消声器的安装应符合下列规定:
1 消声器外观应平整,无起泡、折皱、剥落等缺陷。
2 消声器内所用吸消声材料应充填密实,厚薄均匀,无空隙,不脱落。
3 消声器各部位拼装贴合应紧密。
4 穿孔板应平整,孔眼排列均匀,无尖角毛刺,表面应清洁,无污物或者锈痕,孔眼光洁,排列均匀。
5 各纵向段应相互平行,前缘外端应处于与气流方向垂直的同一平面内,且与中间连接板结合牢固。
6 金属壳体式消声器应与结构壁面安装结合牢固可靠,在额定风量下不得出现松动或振颤现象。

6.6 通风环境检测与控制设备

6.6.1 通风环境检测设备主要包括 TW、CO、VI、NO_x 检测仪等。

6.6.2 检测仪应避免在机械振动大的区域安装。

6.6.3 设备壳体应可靠接地。

6.6.4 通风控制柜宜采用落地式或嵌入式安装。

6.6.5 安装基座宜以槽钢制作,基座应适当高于基础底面。现场控制柜安装的水平偏差、垂直偏差不应大于5mm/m。

6.6.6 通风控制柜内布线应牢固、整齐、标识清晰。

6.6.7 通风控制柜接线应严格按电气原理图进行。进出线孔应采取防水措施。不用的电缆引入孔应安置堵板。控制柜壳体应和接地干线可靠连接。安装完毕后,应将电气原理图和接线图安置于柜内适当位置。

6.7 调试与检查

6.7.1 调试前应检查确认设备安装位置、接线、润滑等满足设计要求。

6.7.2 风机通电前应检查确认叶轮转动正常。

6.7.3 风机通电后应做点动检查,双向风机应做双向点动检查,应确认风机运转正常,且风机启动电流不应大于规定值。

6.7.4 风机试运行应在通电检查后进行,试运行时间不应少于2h。风机在试运行时不应出现异常的电压、电流、声音、气味。滚动轴承正常工作温度不应高于70℃,瞬时最高温度不应高于95℃,温升不应超过55℃;滑动轴承的正常工作温度不应高于75℃。轴承的振动速度有效值不应大于6.3mm/s。

条文说明

轴承温度指标主要是对轴流风机的要求。对轴承箱安装在机壳内的风机,振动值可在机壳上测量。

6.7.5 双向风机应测试其正反向运转功能,风机应能在30min内实现4次换向,且工作无异常。

6.7.6 应在不同的环境条件下,测试各类检测器的检测性能,其输出参数误差应满足设计要求。

6.7.7 单机测试通过后,应对系统功能进行测试,系统功能应满足设计要求。

7 交通监控设施

7.1 一般规定

7.1.1 交通监控设施施工内容主要包括车辆检测器、摄像机、交通控制与诱导信息发布设备及区域控制单元的安装、调试与检查。

条文说明

　　车辆检测器主要分为线圈车辆检测器、微波车辆检测器、超声波车辆检测器、红外线车辆检测器、视频车辆检测器等。由于目前隧道机电工程常用的是线圈车辆检测器和视频车辆检测器，其他类型车辆检测器在隧道机电工程中应用较少，因此本规范中主要规定了线圈车辆检测器的施工要求。视频车辆检测器摄像机安装与监控摄像机安装程序相同，所不同的是视频车辆检测器需要进行图像分析软件安装，此部分可参照第12.7节软件安装要求执行。

7.1.2 交通监控设施施工应在具备以下条件时进行：
  1 主体工程及与主体工程相关的预留孔洞、预埋件已完成。
  2 影响机电工程施工的装饰工程基本完成。
  3 洞外公路路基基本完成。

7.2 设备材料检验

7.2.1 设备材料进场时应检查确认其包装完好，设备外观无损伤，规格、型号、数量满足设计要求。

7.2.2 设备材料的产品合格证、质量检测报告应齐全，各项参数应满足设计要求。

7.3 车辆检测器

7.3.1 检测器线圈的安装应符合下列规定：
  1 线圈不得跨伸缩缝安装，埋设位置应避开金属物体；切缝应干燥、清洁。

2 环形线圈不应有接头、断裂、打结或外皮损坏等现象。
3 线圈敷设后应测量线圈电感量,电感量应符合检测器要求。
4 在250V直流电压测试条件下,线圈对地电阻应大于$10M\Omega$。
5 线圈敷设应留有余量;敷设完成后,宜采用环氧树脂进行封装。
6 封装应避免产生气泡;馈线与环形线圈应为完整电缆;馈线应扭绞结花。

条文说明

5 线圈敷设应留有余量,避免因热胀冷缩而使线圈断裂。填充的环氧树脂宜加入少许稀释剂与固化剂;封装时可在沟槽两边贴塑料胶带,封装完成后撒下胶带,避免污染路面。

7.3.2 微波车辆检测器的安装高度、倾斜角度应满足设备技术文件要求。

7.3.3 控制箱安装应牢固,机箱表面应无损伤。

7.3.4 控制箱强电端子对机壳的绝缘电阻不应小于$50M\Omega$,接地电阻不应大于4Ω。

7.3.5 控制箱内接线应布线平直、整齐、牢固可靠、标识清晰,插头牢固。

7.4 摄像机

7.4.1 摄像机在装配、搬运、架设过程中应有防护措施,摄像机装配过程应防止粉尘污染,在搬运、架设摄像机过程中不得打开镜头盖。

条文说明

在搬运、架设摄像机过程中不得打开镜头盖,以免损坏摄像机镜头,影响画面质量。

7.4.2 摄像机安装前的准备工作应满足下列要求:
1 摄像机应逐台通电进行检测和粗调。
2 应检查确认云台的水平、垂直转动角度满足设计要求,并根据设计要求定准云台转动起点方向。
3 应检查确认摄像机在防护罩内紧固。
4 应检查确认摄像机底座与支架或云台的安装尺寸满足设计要求。

条文说明

1 安装前对摄像机进行通电检测是为了保证设备安装顺利进行,保证施工工期,避免二次返工。

7.4.3 摄像机镜头视场内,不应有遮挡监视目标的物体。洞外摄像机镜头应避免强光直射。

7.4.4 摄像机就位后,应通电试看、细调、检查各项功能,确认其满足设计要求。

7.4.5 摄像机立柱垂直偏差不应大于5mm/m。

7.4.6 从摄像机引出的电缆应留有余量,不得影响摄像机的转动。

7.5 交通控制与诱导信息发布设备

7.5.1 交通控制与诱导信息发布设备包括交通信号灯、车道指示器、可变信息标志、可变限速标志等。

7.5.2 设备立柱垂直偏差不应大于5mm/m。

7.5.3 隧道内可变信息标志吊装支架安装完成后应做荷载试验,确认其满足设计要求。

条文说明

　　荷载试验应按设计要求进行。如设计未要求,试验荷载宜为设计荷载的4倍,试验时间宜为5min;抽检数量应为100%。试验应由有相应资质的质量检测单位进行。

7.5.4 设备安装高度应满足设计要求,水平偏差不应大于3mm/m,垂直偏差不应大于5mm/m。

7.5.5 显示屏、控制机箱的出线管与箱体连接处应密封良好,箱体内应无积水、尘土、霉变。

7.5.6 显示屏、控制机箱内电力线、信号线应布线平直、整齐、固定可靠、标识清晰,插头牢固。

7.6 区域控制单元

7.6.1 区域控制单元安装应稳固,安装完成后设备表面应无损伤。

7.6.2 控制箱内布线应牢固、整齐、标识清晰。

7.6.3 控制箱门、进出线孔应有防水措施。

7.7 调试与检查

7.7.1 车辆检测器调试与检查应符合下列规定：
1 车辆检测器的自检功能应满足设计要求。
2 车辆检测器复位或重新设置后，存储和通信功能应正常。
3 检测精度应满足设计要求。

条文说明

3 交通量计数应在300以上再进行计数精度计算。

7.7.2 摄像机安装完成后应进行图像质量测试和功能测试，测试结果应满足设计要求。

7.7.3 交通控制与诱导信息发布设备安装完成后，应测试其色度、亮度、响应时间、显示内容完整性，测试结果应满足设计要求。

7.7.4 区域控制单元调试与检查应符合下列规定：
1 应能按设计周期或指令与上端计算机通信。
2 应能按设计周期或指令采集、计算、处理各下端设备的数据。
3 当上端计算机或通信链路故障时，应具有独立控制功能。

8 紧急呼叫设施

8.1 一般规定

8.1.1 紧急呼叫设施施工内容主要包括紧急电话和有线广播的安装、调试与检查。

8.1.2 紧急呼叫设施施工应在具备以下条件时进行：
1 隧道及控制室装饰工程完毕。
2 隧道外紧急电话基础平台施工完毕并经过检查。
3 隧道内紧急电话洞室尺寸满足设计要求。

8.2 设备材料检验

8.2.1 紧急电话分机的材质、颜色、标识、编号应满足设计要求。

8.2.2 有线广播扬声器音圈阻抗应满足设计要求。

条文说明
可用万用表检查音圈的通断和阻抗。

8.2.3 音频电缆相间绝缘电阻不应小于50MΩ。

条文说明
绝缘电阻应用500V直流兆欧表测试。

8.3 紧急电话

8.3.1 紧急电话主控设备安装应符合下列规定：
1 紧急电话主控设备机柜前净距不应小于800mm，机柜背面净距不应小于600mm；机柜安装应竖直平稳，垂直偏差不应大于5mm/m。
2 紧急电话中心控制台设备及外围打印机和电话终端设备的安装，应符合机房平面布置要求,台面排列应整齐。
3 紧急电话主控设备接地电阻不应大于1Ω。

8.3.2 紧急电话分机安装应符合下列规定:
1 紧急电话分机机身垂直偏差不应大于10mm/m;机身与基础连接应牢固。
2 紧急电话分机受话器距地坪高度应为1 450mm ±20mm。
3 隧道内分机洞室应有防潮、防尘措施;壁挂式分机的安装孔和进线孔应密封。
4 紧急电话分机接地线应与接地干线可靠连接。
5 安装完成后分机表面应无划伤、刻痕、保护层剥落;箱体内应无积水、尘土、霉变。

8.4 有线广播

8.4.1 有线广播控制器安装应符合下列规定:
1 有线广播控制器的所有部件安装应符合机房平面布置要求。
2 机柜前净距不应小于800mm,机柜背面净距不应小于600mm;机柜垂直偏差不应大于5mm/m。
3 有线广播控制器接地电阻值不应大于1Ω。

8.4.2 有线广播扬声器的安装位置、高度、间隔、方向等应满足设计要求。

8.5 调试与检查

8.5.1 紧急电话系统的调试与检查应符合下列规定:
1 紧急电话主控设备安装完成后,其设备对地绝缘电阻不应小于50MΩ,振铃声压级不应小于80dB(A)。
2 紧急电话分机安装完成后,扬声器正前方400mm处最大音量不应小于90dB(A)。
3 系统的各项功能应满足设计要求。

8.5.2 有线广播的调试与检查应符合下列规定:
1 有线广播呼叫功能应满足设计要求。
2 有线广播扬声器安装角度应经现场试验后按试听的最佳效果进行调节。
3 有线广播服务区最大声压级不应小于85dB(A)。

条文说明
3 广播服务区是指设计确定的有线广播声音所覆盖的区域。

9 火灾报警设施

9.1 一般规定

9.1.1 火灾报警设施施工内容主要包括点型火灾探测器、线型火灾探测器、手动火灾报警按钮、火灾报警控制器的安装、调试与检查。

9.1.2 火灾报警设施施工应在具备以下条件时进行：
1 隧道装饰工程完毕。
2 控制室、值班室、变电所装饰工程完毕。
3 预留孔洞、槽、预埋件等满足设计要求。

9.2 设备材料检验

9.2.1 火灾探测器、手动报警按钮、火灾报警控制器进场时应检查确认其型号、规格、数量满足设计要求，外观完好，清单、使用说明书、质量合格证明文件、国家法定质检机构的检验报告等文件齐全。

9.2.2 需强制性认证的产品应有认证证书和认证标识。

条文说明

需强制性认证的产品以公安部和国家认监委批准的《3C认证消防产品目录和实行型式认可消防产品目录》为准。

9.3 点型火灾探测器

9.3.1 应根据设计要求确定探测器安装位置、高度、间距和角度，探测器的检测范围应覆盖整个检测区域，探测器周围0.5m范围内不应有遮挡物，探测器的确认灯应设置于便于检修人员观察的位置。

9.3.2 点型火灾探测器的安装应符合下列规定：

1 探测器探测范围应覆盖全部探测区域。
2 探测器与保护目标之间应无遮挡物。

9.3.3 隧道内点型火灾探测器的安装高度在同一工程中应保持一致,安装高度偏差不应大于100mm。

9.3.4 点型火灾探测器的底座应固定牢靠,其布线应符合现行《火灾自动报警系统施工及验收规范》(GB 50166)的规定。导线连接必须可靠压接或焊接,当采用焊接时不得使用带腐蚀性的助焊剂,外接导线应有150mm的余量,入端处应有明显标志。

9.3.5 安装完成后隧道内探测器防护等级应满足设计要求。

条文说明

为达到要求的防护等级,定位、接线完成后,探测器底座的穿线孔和安装螺栓处宜封堵。探测器采用防护箱保护嵌入式安装时,在防护箱安装完毕后,应对防护箱四周的孔洞进行封堵。

9.4 线型火灾探测器

9.4.1 应根据设计要求确定线型火灾探测器安装位置。

9.4.2 洞顶安装的线型火灾探测器可采用托架或钢索吊装,安装应符合下列规定:
1 探测器距隧道顶壁距离应符合设备技术文件要求。
2 钢制托架、吊架及附件应热镀锌,且符合现行《高速公路交通工程钢构件防腐技术条件》(GB/T 18226)的规定。
3 托架安装时,托架间距应满足设计要求,托架应固定可靠,托架与探测器应用阻燃卡具固定。
4 钢索吊装时,钢索应采用吊架固定,吊架间距应满足设计要求,且不应大于50m;吊架应固定可靠,能承受1 000N拉力不松动;钢索应张紧并逐段固定,在钢索最低点吊100N重物后钢索最大垂度不应大于100mm;探测器应用阻燃卡具与钢索固定。

9.4.3 线型火灾探测器安装弯曲半径不应小于探测器允许的最小弯曲半径;无明确要求时,探测器弯曲半径不应小于探测器外径的20倍。探测器不应扭曲。

条文说明

一般情况下,直线段敷设的线型探测器均能满足探测器的弯曲半径要求,只有在某些特殊情况下,如探测器在弯曲进入主机时,应注意满足其弯曲半径要求。

9.4.4 线型火灾探测器安装时,牵引力不应超过探测器允许张力的80%,瞬时最大牵引力不得大于探测器允许的张力。安装时不得损伤探测器护套。

条文说明

　　本条所指线型探测器主要是指感温电缆、感温光缆、热敏合金线等电缆型和光缆型探测器。紫铜管在公路隧道中已经很少使用,本条对其未作考虑。

9.4.5 线型火灾探测器安装完毕后应稳固,线形流畅。

9.5 手动火灾报警按钮

9.5.1 隧道内手动火灾报警按钮的安装高度在同一工程中应保持一致,安装高度偏差不应大于20mm。

9.5.2 隧道内手动火灾报警按钮防护等级不应低于IP65。

9.5.3 手动火灾报警按钮应有醒目标识。

条文说明

　　通常情况下,手动火灾报警按钮已经有相应的标识,但在某些情况下,如增加了手报防护箱导致该标识被遮挡,或原来的手动火灾报警按钮标识不醒目,均应采取措施,做出醒目的标识。

9.5.4 手动火灾报警按钮的外接导线,应留有不小于100mm的余量,且在端部应有明显标志。

9.6 火灾报警控制器

9.6.1 火灾报警控制器在墙上安装时,应按照设计要求确定其底边距地面高度;落地安装时,其底部宜高出地坪10～20mm。

9.6.2 控制室内控制器与门轴的距离不应小于1m,正面操作空间宽度不应小于1.2m。

9.6.3 控制器应安装牢固;安装水平偏差不应大于 2mm/m,垂直偏差不应大于 3mm/m。

9.6.4 火灾报警系统传输线路应采用铜芯绝缘导线或铜芯电缆。50V 以下供电的控制线路,其电压等级不应低于交流 250V;交流 220/380V 的供电和控制线路,其电压等级不应低于交流 500V。

9.6.5 引入火灾报警控制器的电缆或导线,应符合下列规定:
  1 配线应牢固、整齐,避免交叉,端子板不应承受来自线缆的外力。
  2 电缆和导线的端部,均应标明编号,并与图纸一致,字迹清晰不易退色。
  3 端子板的每个接线端,接线不得超过 2 根。
  4 电缆芯线和所配导线应留有不小于 200mm 的余量。
  5 导线应绑扎成束。
  6 穿线后,进线管孔处应封堵。

9.6.6 火灾报警控制器的主电源引入线,应直接与消防电源连接,严禁使用电源插头。主电源应有明显标识。

9.6.7 控制器的接地应牢固,并有明显标识,工作接地电阻不应大于 4Ω。采用联合接地时,接地电阻不应大于 1Ω。

9.7 调试与检查

9.7.1 火灾报警系统设备、电缆等的绝缘电阻和接地电阻应满足设计要求。

9.7.2 火灾探测器、手动火灾报警按钮和火灾报警控制器应逐个进行试验,其性能应满足设计要求,动作应准确无误。

9.7.3 手动报警功能调试,当按下报警按钮时,控制器应立即发出声、光报警信号。

9.7.4 自动火灾报警功能调试应在隧道中实施模拟点火试验,试验应按照现行《公路隧道火灾报警系统技术条件》(JT/T 610)进行。

9.7.5 报警控制器的功能应满足现行《火灾报警控制器》(GB 4717)和设计要求,其相关功能检查测试应包括如下内容:
  1 控制器自检功能;
  2 消声、复位功能;

3 故障报警功能；
4 火灾优先功能；
5 报警记忆功能。

9.7.6 应按照设计要求对火灾自动报警系统的主、备用电源做如下测试：
1 主、备用电源容量测试；
2 主、备用电源欠压和过压报警功能测试；
3 主、备用电源自动切换功能测试；
4 备用电源自动充电功能测试。

9.7.7 系统调试正常后，连续运行120h应无故障。

10 消防与避难设施

10.1 一般规定

10.1.1 消防设施的施工内容主要包括消火栓及附件、固定式水成膜泡沫灭火装置、消防水泵、消防水池、管网等的安装、调试与检查；避难设施的施工内容主要包括行人横洞门、行车横洞门、横洞照明设施、疏散指示标志等的安装、调试与检查。

条文说明

因公路隧道水消防系统是以常高压系统为主，故本规范主要针对常高压系统进行规定，临时高压给水系统及稳高压给水系统及自动喷淋设施的安装调试可参照现行《自动喷水灭火系统施工及验收规范》(GB 50261)执行。避难设施中有关横洞照明的内容参见第5章，有关疏散指示标志的内容参见第4章。

10.1.2 消防与避难设施施工应在具备以下条件时进行：
1 预留洞室、预埋管道满足设计要求。
2 供水设施焊接、试压时，其环境温度不低于5℃。
3 水源水质符合消防用水要求。
4 消防水池设计位置无不良地质作用和地质灾害，场地稳定，地基承载力及地基变形满足设计要求。

条文说明
1 此处预埋管道主要指水池穿墙防水套管及泵房穿墙导管。
2 进行焊接和试水时，若环境温度低于5℃又尚未采取保护措施，由于温度剧变、物质体态变化而产生的应力易造成设备损伤。

10.2 设备材料检验

10.2.1 消防设备和材料进场检查时应检查确认其型号、规格、数量满足设计要求，外观完好，清单、使用说明书、质量合格证明文件、国家法定质检机构的检验报告等文件齐全。

10.2.2 需强制性认证或型式认可的产品尚应有认证(认可)证书和认证(认可)标识。

条文说明

　　根据国家消防产品市场准入制度,消防产品应根据规定进行强制性认证、型式认可、强制性检验,合格后方可使用。

　　水流指示器、消防水泵、水泵结合器等主要系统组件应经国家消防产品质量监督检验中心检测合格。

　　稳压泵、自动排气阀、止回阀、泄压阀、减压阀等应经国家产品质量监督检验中心检测合格。

10.2.3 管材、管件的现场外观检查应符合下列规定:
1 表面应无裂纹、缩孔、夹渣、折叠和重皮。
2 螺纹密封面应完整,无损伤、毛刺。
3 镀锌钢管内外表面的镀锌层不得有脱落、锈蚀等现象。
4 非金属密封垫片应质地柔韧,无老化变质或分层现象,表面应无折损、皱纹等缺陷。
5 法兰密封面应完整光洁,不得有毛刺及径向沟槽;螺纹法兰的螺纹应完整、无损伤。

10.2.4 水流指示器、自动排气阀、减压阀、止回阀、水泵结合器及水位、压力、阀门限位等自动监测装置应有清晰的铭牌、安全操作指示标志;水流指示器、减压阀、止回阀尚应有水流方向的永久性标识。

10.2.5 保温材料及制品应有产品合格证及有资质的检测机构出具的检测报告,并符合环保要求。

10.3 消火栓及附件

10.3.1 隧道内消火栓的栓口出水方向及隧道外消火栓的大口径栓口出水方向应水平面向道路并与行车方向垂直。

10.3.2 消火栓应竖直安装,垂直度不应大于全长的1%。

10.3.3 消火栓箱安装应牢固、平整、不变形,箱门开启应灵活,箱体底部与地面距离应满足设计要求,箱内设施安装位置和方式应保证取用方便,箱体应有清晰醒目的标识。

条文说明

隧道内发生火灾时,为保证灭火时间,箱门应开启灵活,并应保证箱内的设施取用方便。

10.4 固定式水成膜泡沫灭火装置

10.4.1 泡沫液应与消防供水系统提供的水源相适应。

条文说明

水质不同对泡沫液的效果有不同的影响,隧道消防系统中水成膜泡沫液一般与隧道消火栓采用同一水源,故应确认泡沫液与水源相适应。

10.4.2 泡沫容器明显位置应有泡沫液的有效使用期标识。有效使用期应满足设计要求。

10.4.3 消防卷盘及灭火装置导向架安装后转动应灵活,无卡阻。

10.4.4 泡沫液箱连接管上的阀门应有明显启闭标志并有联动开启功能。

10.5 消防水泵

10.5.1 消防水泵安装应符合现行《机械设备安装工程施工及验收通用规范》(GB 50231)和《风机、压缩机、泵安装工程施工及验收规范》(GB 50275)的规定,其位置、标高应满足设计要求。

10.5.2 水泵配管应在水泵固定后进行,且水泵不得承受来自管道的外力。

条文说明

因水泵运行时会产生震动,若承受外接管道的牵引和挤压力,可能会损伤水泵。

10.5.3 消防水泵出水管安装应符合下列规定:
1 出水管应安装止回阀、控制阀和压力表。
2 系统的总出水管应安装压力表和泄压阀。
3 安装压力表时应加设缓冲装置;压力表和缓冲装置之间应安装旋塞;压力表量程应为工作压力的2~2.5倍。

条文说明

2 消防水泵组的总出水管上强调安装泄压阀,主要考虑了在日常维护管理中,消防水泵启停和系统试验较频繁,经常发生非正常承压,没有泄压阀易造成管道崩裂。

3 压力表的缓冲装置可以是缓冲弯管,或者是微孔缓冲水囊等方式,既可保护压力表,也可使压力表指针稳定。

10.5.4 吸水管及其附件的安装应符合下列规定:

1 吸水管应设过滤器,并应安装在控制阀后。

2 吸水管的控制阀应在消防水泵固定于基础上之后再进行安装,其直径不应小于消防水泵吸水口直径,且不应采用没有可靠锁定装置的蝶阀。

3 当消防水泵和消防水池位于独立的两个基础上且相互为刚性连接时,吸水管上应加设柔性连接管。

4 吸水管水平管段上不应有气囊和漏气现象;变径连接时,应用偏心异径管件,管顶平接。

条文说明

3 当消防水泵和消防水池位于独立基础上时,由于沉降不均匀,可能造成消防水泵吸水管受内应力,最终应力加在消防水泵上,易造成消防水泵损坏。最简单的解决方法是加一段柔性连接管。

4 消防水泵吸水管安装若有倒坡现象则会产生气囊。采用大小头与消防水泵吸水口连接,如果是同心大小头,则在吸水管上部有倒坡现象存在,异径管的大小头上部会存留从水中析出的气体,因此必须采用偏心异径管且要求吸水管的上部保持平直。

10.6 消防水池

10.6.1 消防水池的容量、尺寸及高程应满足设计要求。

10.6.2 消防水池的施工应符合现行《给水排水构筑物工程施工及验收规范》(GB 50141)的规定。

10.6.3 管道穿过钢筋混凝土消防水池时,应加设防水套管。对有振动、有相对位移的管道尚应加设柔性接头。

10.6.4 水池施工完毕后,应将水池内部清理干净,并有防止水池内落入异物的措施。

条文说明

本条规定的目的是避免异物堵塞管道或占用管道过水断面。

10.6.5 水池施工完毕必须进行满水试验。试验方法应符合现行《给水排水构筑物工程施工及验收规范》(GB 50141)的有关规定。

条文说明

满水试验是对水池施工质量的综合检验。

10.6.6 液位检测器应按设备技术文件要求进行安装,其供电及信号电缆应有屏蔽保护措施。变送器应安装在溢水口高程之上的位置,进出线应有防水措施。

条文说明

液位检测器的供电及信号电缆一般安装在室外,为避免雷电等的电磁感应,应有屏蔽保护措施。

10.7 管网

10.7.1 管网所用钢管应经防腐处理,并应采用螺纹、沟槽式管件或法兰连接,连接后不应减少过水横断面面积。

条文说明

管道连接不允许采用焊接连接。焊接连接使镀锌层遭到破坏,大大降低了管道的抗腐蚀能力。

10.7.2 管网安装时应保持管道内部清洁、无杂物。

条文说明

安装时保持管内清洁是消除管网堵塞隐患的重要措施之一。

10.7.3 螺纹连接应符合下列规定:
1 管子宜采用机械切割,切割面不得有飞边、毛刺;管子螺纹密封面应符合现行《普通螺纹 基本尺寸》(GB/T 196)、《普通螺纹 公差》(GB/T 197)、《普通螺纹 管路系列》(GB/T 1414)的规定。
2 管道变径时宜采用异径接头。

3 密封填料应均匀附着在管道的螺纹部分;不得将填料挤入管道内;连接后,应将连接处外部清理干净。

10.7.4 沟槽式管件接头连接时应符合下列规定:
1 沟槽式管件连接时,其沟槽和开孔应使用专用滚槽机和开孔机加工,滚槽机加工能力应与管材规格相符合;连接前应检查沟槽、孔洞尺寸,其加工质量应符合要求;沟槽、孔洞处应清洁,不得有毛刺、破损、裂纹。
2 橡胶密封圈应无破损和变形。
3 机械三通连接时,应检查机械三通与孔洞的间隙,各部位间隙应均匀;其开孔间距及支管口径应符合现行《自动喷水灭火系统施工及验收规范》(GB 50261)的规定。
4 埋地的沟槽式管件接头螺栓、螺帽应作防腐处理。

10.7.5 法兰焊接应符合现行《工业金属管道工程施工规范》(GB 50235)和《现场设备、工业管道焊接工程施工及验收规范》(GB 50236)的规定;法兰焊接处应重新作防腐处理后再连接,其防腐能力不应低于管道防腐能力。

10.7.6 管道支架(支墩)的安装应符合下列规定:
1 管道支架(支墩)的强度应满足设计要求,管道应固定牢固。
2 管道支架(支墩)之间的距离不应大于表10.7.6的规定。
3 在管道末端、弯头、三通等重点部位应增设支架(支墩),每处宜在加强点前后1m处各增设一个支架(支墩)。
4 采用沟槽式管件接头连接时,每段管道至少应有一个支架(支墩)。

表10.7.6 管道支架(支墩)之间的距离

管道公称直径(mm)	80	100	125	150	200	250	300
距离(m)	6.0	6.5	7.0	8.0	9.5	11.0	12.0

条文说明

本条规定的主要目的是为了确保管网的强度,使其在受外界机械冲击和自身水力冲击时不至于损伤。采用沟槽式管件接头连接的,由于是柔性连接,接头不宜承重,所以规定每段管道至少需要一个支架。

10.7.7 管网安装中断时应将管道的敞口封闭。

条文说明

本条规定的主要目的是为了防止安装时异物进入管道,堵塞管网。

10.7.8 排气阀的安装应在系统管网试压和冲洗合格后进行。排气阀应安装在配水干管顶部等容易聚集气体的地方,且应无渗漏。

条文说明

因排气阀排气孔较小、阀塞等零件较精密,为防止损坏和堵塞,排气阀应在系统管网冲洗、试压合格后安装。

10.7.9 减压阀的安装应符合下列规定:
1 减压阀安装应在供水管网试压、冲洗合格后进行。
2 安装前应检查确认其规格型号与设计相符,阀外控制管路及导向阀各连接件应无松动,外观应无机械损伤,阀内应无异物。
3 减压阀安装时,其水流方向应与供水管网水流方向一致。
4 减压阀安装时应在其进水侧安装过滤器,并宜在其前后安装控制阀。
5 可调式减压阀宜水平安装,阀盖应向上。
6 安装自身不带压力表的减压阀时,应在其前后相邻位置安装压力表。

10.7.10 保温应在试压、防腐合格后进行。预做保温的钢管应将连接处留出,各项检验合格后,再进行连接处保温。保温材料的施工应按设计要求、产品技术要求及有关规范进行。

条文说明

保温施工尚应参照现行《建筑给水排水及采暖工程施工质量验收规范》(GB 50242)及《城镇供热管网工程施工及验收规范》(CJJ 28)执行。

10.8 系统试压和冲洗

10.8.1 管网安装完毕后,应对其进行强度试验、冲洗和严密性试验。

条文说明

强度试验是对系统管网的整体结构、所有接口、承载管架等进行的一种超负荷考验。严密性试验是对系统管网渗漏程度的测试。这两种试验都是必不可少的,是评定工程质量和系统功能的重要依据。管网冲洗,是防止系统投入使用后发生堵塞的重要技术措施之一。

10.8.2 强度试验、冲洗和严密性试验宜用水进行,但不得使用海水及其他含有腐蚀性化学物质的水。

10.8.3 水压试验时环境温度不宜低于5℃。当环境温度低于5℃时,水压试验应采取防冻措施。

条文说明

环境温度低于5℃时,如果没有防冻措施,有可能在试压过程中发生冰冻,试验介质就可能体积膨胀造成爆管事故。

10.8.4 系统试压应在具备以下条件时进行:
1 已制订试压冲洗方案。
2 管道的位置及管道基础、支架(支墩)等满足设计要求。
3 试压用的压力表不少于2只,精度不低于1.5级,量程为试验压力值的1.5~2倍。
4 不能参与试压的设备、仪表、阀门及附件已隔离或拆除;加设的临时盲板具有突出于法兰的边耳,且已做明显标志,并已记录临时盲板的数量。

条文说明

2 在整个试压过程中,管道改变方向部位、分出支管部位和末端处所承受的推力约为其正常工作状况时的1.5倍,故管道基础、支架(支墩)等必须达到设计强度要求。
4 对不能参与试压的设备、仪表、阀门及附件应隔离或拆除,避免其损伤。在试压前记录下所加设的临时盲板数量,是为了避免在系统复位时,因遗忘而留下少数临时盲板,影响系统的冲洗,且一旦投入使用,灭火效果更是无法保证。

10.8.5 系统试压宜分段进行,分段点可选择在行车横洞处。

条文说明

分段试压比整体试压对管网的要求更严格。

10.8.6 水压强度试验压力应为设计工作压力的1.5倍。水压强度试验的测试点应设在系统管网的最低点。对管网注水时,应将管网内的空气排净,并应缓慢升压,达到试验压力后,稳压30min,目测管网应无泄漏、无变形,且压力降不应大于0.05MPa。

条文说明

根据调查,目前公路隧道水消防系统施工时的试压压力一般为设计压力的1.5~2倍,试验时间的要求参照《自动喷水灭火系统施工及验收规范》(GB 50261—2005),效果较好,据此本规范规定了对系统水压强度试验压力值和试验时间的要求。测试点选在系统管网的低点,可验证其承压能力;若设在系统高点,则提高了试验压力值。检查判定方法采用目测,简单易行。

10.8.7 系统试压过程中,当出现泄漏时,应停止试压,并应放空管网中的试验介质,消除缺陷后,重新试压。

条文说明

带压进行修理,既无法保证返修质量,又可能造成部件损坏或发生人身安全事故及造成水害,应绝对禁止。

10.8.8 系统试压完成后,应及时拆除所有临时盲板及试验用的管道,且应按规定的格式填写试压记录。

条文说明

应拆除所有临时盲板,确保系统能正常投入使用。系统试压记录表是必须具备的交工验收资料内容之一。

10.8.9 管网冲洗应在试压合格后分段进行。冲洗的水流流速、流量不应小于系统设计的水流流速、流量。

条文说明

冲洗是防止系统堵塞、确保系统灭火效率的重要措施之一。

10.8.10 管网冲洗时水流方向应与灭火时管网的水流方向一致。

条文说明

系统管网的冲洗应以水源位置为起点,先近端,后远端,保证已被冲洗合格的管段,不致因后面管段的冲洗而再次被弄脏或堵塞。

10.8.11 管网冲洗应连续进行,当出口处水的颜色、透明度与入口处水的颜色、透明度基本一致时,方可结束。

10.8.12 水压严密性试验应在水压强度试验和管网冲洗合格后进行。试验压力应为设计工作压力,稳压24h,应无泄漏。

10.9 避难设施

10.9.1 行人横洞门和行车横洞门的门框与墙壁的固定方式可采用嵌入、膨胀螺栓固定、与预埋件焊接等方式或以上方式的组合,且应有防止松动的措施。

10.9.2 行人横洞门安装后应能内外手动开启和自动关闭。

条文说明

为隔断烟雾毒气等从一个洞扩散到另一个洞,要求门为常闭的;由于逃生方向可能是两个方向之一,故要求能从任何一侧手动开启。

10.9.3 行人横洞门安装后不得有门槛。

条文说明

本条规定的目的是,在发生火灾等事故,人员逃生时,不会因为烟雾弥漫影响视觉而在门槛处绊倒。

10.9.4 行车横洞门安装时应在门内外侧同时设置手动控制按钮,按钮位置应满足设计要求;如设计未明确要求,按钮应安装在易于接触的位置,高度宜为1.2m。按钮应醒目或有醒目标志。

10.9.5 行车横洞门预埋钢件间距不得大于1 000mm;导轨应在同一垂直的平面上,导轨平行度不应大于5mm;垂直偏差不应大于1.5mm/m,且导轨全长垂直度不应大于20mm。

10.9.6 行人横洞门和行车横洞门就位固定后,应用不燃材料将门周围的缝隙紧密填塞。

条文说明

本条规定的目的是隔断烟雾毒气,防止其扩散。

10.10 调试与检查

10.10.1 系统调试应在系统施工完成后进行。

条文说明

只有在系统已按照设计要求全部安装完毕、工序检验合格后,才可能全面、有效地进行各项调试工作。

10.10.2 系统调试应在具备以下条件时进行:
1 消防水池已储备设计要求的水量。
2 系统供电正常。
3 系统管网内已充满水,阀门均无泄漏。

10.10.3 消防水池的容积、设置高度应满足设计要求,并具有消防储水不作他用的技术措施。

条文说明

消防水池为系统常备供水设施,始终保持设计用水量是十分关键和重要的,而这又与其容积、高度和保证消防储水量的技术措施密切相关。

10.10.4 在低水位、高水位两种水位条件下,观察液位传感器传回控制室的数据,与现场实测数值比较,相差值应在设计允许范围内。

10.10.5 消防栓的水枪充实水柱长度、栓口出水水压应满足设计要求。消火栓开启应灵活、无阻滞。

10.10.6 应对固定式水成膜泡沫灭火装置的有效喷射时间、喷射距离、灭火性能进行检查,并满足设计要求。灭火装置机构和进水管路阀门应配合准确、可靠。

10.10.7 消防水泵的手动及自动控制功能应正常。

10.10.8 行人横洞门和行车横洞门开闭动作均应无阻滞,无异常噪声。行人横洞门和行车横洞门的启闭功能以及有关的联动功能应满足设计要求。

11 供配电设施

11.1 一般规定

11.1.1 供配电设施的施工内容主要包括高低压配电柜(盘、箱)、母线、变压器、柴油发电机组、不间断电源和应急电源装置,箱式变电站的安装、调试及检查。

11.1.2 供配电设施施工应在具备以下条件时进行:
1 变配电所装饰完成,室内干燥、整洁,有防止小型动物进入的措施。
2 预留预埋满足设计要求。
3 设备基础已完成。

条文说明
1 变电所内安装设备主要为电气设备及电子设备,均需要防潮、防尘、防鼠等。

11.2 设备材料检验

11.2.1 低压成套开关设备应具有CCC认证标志。

条文说明

国家质量监督检验检疫总局发布的《强制性产品认证管理规定》第十条规定:列入目录产品的生产者或者销售者、进口商应当委托经国家认监委指定的认证机构对其生产、销售或者进口的产品进行认证。低压成套开关设备是列入《中华人民共和国实施强制性产品认证的产品目录》的产品。

11.2.2 母线进场检查应满足下列要求:
1 母线尺寸应满足设计要求,表面应光洁平整,不应有裂纹、折皱、夹杂物及变形和扭曲现象。
2 成套供应的封闭母线、插接母线槽的各段应标识清晰,附件齐全,外壳无变形,内部无损伤。
3 螺栓固定的母线搭接面应平整,其镀银层应覆盖完整,不应有麻面、起皮。

条文说明

本条规定了母线表面的质量标准。母线在运输过程中易损伤变形,所以到达现场后,应及时进行外观检查,尤其是接头搭接面的质量应满足要求,否则当通过大电流时,由于接触电阻增大将使接头严重发热。

11.2.3 变压器不得有机械损伤,附件应齐全,各组合部件应无松动和脱落。

11.2.4 柴油发电机组进场检查时,应依据装箱单,核对主机、附件、专用工具、备品备件和随机技术文件,查验合格证和出厂试运行记录。发电机组配备的控制柜接线应正确,紧固件紧固状态应良好,开关、保护装置的型号、规格应正确,出厂试验的锁定标记应无位移。

条文说明

柴油发电机组供货时,零部件多,要依据装箱单逐一清点。通常发电机是由柴油机厂向电机厂订货后,统一组装成发电机组,有电机制造厂的出厂试验记录,可在交接试验时作对比用。有的柴油发电机及其控制柜、配电柜在出厂时已做负载试验,并按产品制造要求对发电机本体保护的各类保护装置做出标定或锁定。成套供应的柴油发电机,经运输保管和施工安装,紧固件有可能发生松动移位,所以要认真检查,以确保安全运行。

11.2.5 箱式变电站进场时,设备不得有机械损伤,附件应齐全,各组合部件应无松动和脱落。箱式变电站内部电器部件及连接应无损坏,风口防护网应完好。

条文说明

箱式变电站在运输过程中,内部元件易松动,应在进场时检查。

11.3 高低压配电柜(盘、箱)

11.3.1 基础型钢安装后,其顶部宜高出地面10mm。手车式成套柜的基础施工应按设备技术要求执行。基础型钢应可靠接地,并有防腐蚀措施。基础型钢的允许偏差应符合表11.3.1的规定。

11.3.2 盘、柜单独或成列安装时,其垂直偏差、水平偏差及盘、柜面偏差和盘、柜间接缝的允许偏差应符合表11.3.2的规定。

表 11.3.1 基础型钢的允许偏差

项 目	允 许 偏 差	
	mm/m	mm/全长
直线度	<1.0	<5.0
水平偏差	<1.0	<5.0
位置误差及平行度	—	<5.0

表 11.3.2 盘、柜安装允许偏差

项 目		允许偏差(mm)
每米垂直偏差		<1.5
水平偏差	相邻两盘(柜)顶部	<2.0
	成列盘(柜)顶部	<5.0
盘面偏差	相邻两盘边	<1.0
	成列盘面	<5.0
盘间接缝		<2.0

条文说明

本条规定的目的是保证工程美观。

11.3.3 盘、柜、箱应可靠接地。装有电器的可开启的门,应以裸铜软线与接地的金属构架可靠连接。

条文说明

本条规定是为了防止当门上的电器绝缘损坏时,门上带电,危及操作维护人员的人身安全。裸铜软线应有足够的机械强度,用裸线的目的是为了在断线时能及时发现。

11.3.4 引入盘、柜、箱内的电缆及其芯线应符合下列规定:

1 引入盘、柜、箱的电缆应排列整齐,编号清晰,避免交叉,并应固定牢固,不得使所接的端子排受到机械外力。

2 铠装电缆在进入盘、柜、箱后,应将钢带切断,切断处的端部应扎紧,并应将钢带接地。

3 用于静态保护、控制等逻辑回路的控制电缆,应采用屏蔽电缆,其屏蔽层应按设计要求的接地方式接地。

4 盘、柜、箱内的电缆芯线,应按垂直或水平的方向整齐排列,不得任意歪斜交叉连接;备用芯线长度应留有适当余量。

5 强弱电回路不应使用同一根电缆管道,并应分别成束排列。

6 盘、柜、箱及电缆管道安装完毕后应封堵。

条文说明

1 由于受盘、柜、箱内空间限制,操作不便,在布线时较易使端子排受到一定的机械外力,影响长期使用的稳定性,在接线完成后即使检查到问题也往往难以改正,所以在布线时应特别注意。

6 本款规定的目的是防止小动物进入及潮气等侵入。

11.3.5 二次回路每个接线端子的每侧接线宜为1根,且不得超过2根。对于插接式端子,不同截面的两根导线不得接在同一端子上;对于螺栓连接端子,当接两根导线时,中间应加平垫片。

条文说明

本条规定的目的是避免接触不良。

11.3.6 连接门上的电器、控制板等可动部位的导线应符合下列规定:
1 应采用多股软导线,敷设长度应有适当裕度。
2 线束外应有外套塑料管等加强绝缘层。
3 与电器连接时,端部应绞紧,并应加终端附件或搪锡,不得松散、断股。
4 在可动部位两端应用卡子固定。

条文说明

本条规定的目的是保证导线连接紧固可靠,可动部位导线不致因检修调试等原因断裂或绝缘层开裂。

11.3.7 所有一次、二次回路均应接线准确、连接可靠。一次回路电缆、二次回路电缆芯线和所配导线的端部均应标明其回路编号,编号应准确、字迹清晰且不易退色。

11.3.8 安装完毕后,宜将本盘、柜、箱的原理及接线图贴在柜门内侧或置于其他适当位置。

条文说明

本条规定是为维护方便而制定。

11.4 母线

11.4.1 封闭式母线、插接式母线在组对接续前,应测试绝缘电阻,绝缘电阻值不应小于20MΩ。

条文说明

封闭母线和插接式母线是分段供货,现场组对连接,完成后要检查总体交流工频耐压水平和绝缘程度。为了能顺利通过最终检验,防患于未然,所以安装前要对各段母线进行绝缘检查,包括各相对地和相间的绝缘检查。

11.4.2 母线与母线或母线与电器接线端子的螺栓搭接,应符合下列规定:
1 母线接触面加工后应保持清洁,并涂以电力复合脂。
2 母线平置时,贯穿螺栓应由下往上穿;其余情况下,螺母应置于维护侧,螺栓长度宜露出螺母2~3扣。
3 贯穿螺栓连接的母线两外侧均应有平垫圈,相邻螺栓垫圈间应有不小于3mm的净距,螺母侧应装有弹簧垫圈或锁紧螺母。
4 母线与电器接线端子连接时,不应使电器的接线端子受到其他外力。
5 母线的接触面应连接紧密,连接螺栓应用力矩扳手紧固,其紧固力矩值应符合表11.4.2的规定。

表11.4.2 钢制螺栓的紧固力矩值

螺栓规格(mm)	力矩值(N·m)	螺栓规格(mm)	力矩值(N·m)
M8	8.8~10.8	M16	78.5~98.1
M10	17.7~22.6	M18	98.0~127.4
M12	31.4~39.2	M20	156.9~196.2
M14	51.0~60.8	M24	274.6~343.2

11.4.3 母线安装时,室内、室外配电装置安全净距应符合现行《电气装置安装工程母线装置施工及验收规范》(GB 50149)的规定。

11.4.4 母线的相序排列应符合下列规定:
1 上、下布置的交流母线,由上到下排列应为A、B、C、N相。
2 水平布置的交流母线,由盘后向盘面排列应为N、A、B、C相。
3 由盘后向盘面看,交流母线的引下线由左至右排列应为A、B、C、N相。

条文说明

本条是参照《电气装置安装工程母线装置施工及验收规范》(GB 50149—2010)制定的。本条规定了母线相序的统一排列方式,有助于运行操作及人员的安全。因为C相的相色漆规定为红色,故将其排在除N相以外最易接近的一侧,以引起接近母线人员的警觉。

11.4.5 母线涂漆的颜色应符合下列规定:

1 三相交流母线中，A 相应为黄色，B 相应为绿色，C 相应为红色，N 相应为淡蓝色。
2 单相交流母线与引出相的颜色应相同。
3 封闭母线的外表面及外壳内表面应为无光泽黑色，外壳外表面应为浅色。

11.4.6 涂刷母线相色标识应符合下列规定：
1 室外软母线、金属封闭母线外壳、管型母线应在两端作相色标识。
2 单片、多片母线及槽形母线的可见面应涂相色。
3 相色涂刷应均匀，无起层、皱皮等缺陷，并应整齐一致。
4 在母线的螺栓连接及支撑点处、母线与电器的连接处以及距所有连接处 10mm 以内的地方，不应涂相色。

11.5 变压器

11.5.1 吊装变压器时应按设备技术文件要求确定吊点。

条文说明

本条规定是为了避免误吊不合理吊点而损坏变压器结构。如油浸变压器顶盖上盘的吊环是为吊芯所用，如果用作整体吊装，可能会使顶盖上法兰变形，导致漏油。一般来说，油浸变压器应利用油箱体吊钩，不得用变压器顶盖上盘的吊环吊装整台变压器。吊装干式变压器，可利用变压器上部钢横梁主吊环吊装。

11.5.2 变压器定位应准确，安装的基础轨道应水平，附件应齐全。

条文说明

本条是对变压器安装的基本要求，定位准确是指中心线和标高满足设计要求。采用定尺寸的封闭母线做引出线时，更应控制变压器的安装定位位置。

11.5.3 设置于室内的有裸露带电体的油浸变压器，其外廓与变压器室四壁的最小净距应符合表 11.5.3 的规定。

表 11.5.3 油浸变压器外廓与变压器室四壁的最小净距（mm）

变压器容量（kV·A）	1 000 及以下	1 250 及以上
变压器与后壁、侧壁之间	600	800
变压器与门之间	800	1 000

11.5.4 设置于变电所内的非封闭式干式变压器，应装设高度不低于 1.7m 的固定遮

栏,遮栏网孔不应大于 40mm×40mm。变压器的外廓与遮栏的净距不宜小于 0.6m,变压器之间的净距不应小于 1.0m。

条文说明

非封闭式的干式变压器接线部位为裸露带电体,为保证人身安全,应设置固定的遮栏防护。变压器外壳与遮栏的净距 0.6m 是安装和检修的必要空间,其他规定也是考虑安全运行和维护的需要。

11.5.5 变压器用封闭母线连接时,应使其导管中心线与母线安装中心线对准。

条文说明

本条规定的目的是避免使接线端子承受额外的应力。

11.5.6 变压器的低压侧中性点应与接地装置引出的接地干线直接连接。变压器箱体、干式变压器的支架或外壳应可靠接地。

条文说明

变压器的接地既有高压部分的保护接地,又有低压部分的工作接地,且两者共用同一个接地装置。在变配电室要求接地装置从地下引出的接地干线,以最短的路径直接引至变压器壳体和变压器的零母线 N(变压器的中性点)及低压供电系统的 PE 干线或 PEN 干线,中间应尽量减少螺栓搭接,不允许经其他电气装置接地后,串联连接,以确保运行中人身和电气设备的安全。油浸变压器箱体、干式变压器的铁芯和金属件,以及有保护外壳的干式变压器金属箱体,均是电气装置中重要的经常为人接触的非带电可接近裸露导体,为保证人身和设备安全,其保护接地应可靠。

11.6 柴油发电机组

11.6.1 柴油发电机组的四周净距不得小于 1m,上部净距不得小于 2m。

条文说明

本条规定的目的是便于机组的冷却、操作和维护保养等。

11.6.2 油箱宜设置在独立的房间并采用砖墙或混凝土墙及甲级防火门隔离。

11.6.3 柴油发电机组安装前应对基础进行检查验收。

条文说明

发电机组运行时有一定的震动,在设备安装使用说明书中一般会对基础提出强度、隔震等要求,所以需要在安装前对基础进行检查验收。

11.6.4 机组就位之前,应检查机组各联轴节的连接螺栓紧固情况、机座地脚螺栓紧固情况及主轴承盖、连杆、气缸体、贯穿螺栓、气缸盖等的螺栓与螺母的紧固情况。

11.6.5 地脚螺栓固定的机组应经初平、螺栓孔灌浆、精平、紧固地脚螺栓、二次灌浆等机械安装程序。安放式的机组应将底部垫实。

11.6.6 机组就位后,应调整机组的水平偏差,地脚螺栓应牢固可靠,并有防松动措施。

11.6.7 发电机中性线应与接地母线直接连接。螺栓防松动设施应齐全,应有接地标识。发电机本体和机械部分的可接近裸露导体应可靠接地或接零,且有接地标识。

11.6.8 柴油发电机的废气应使用外接排气管引至室外,排气管应选择较短、较直的路径;排气管的布设应符合消防安全的要求。

条文说明

发电机排气温度可达几百摄氏度,所以排气管的布设应特别注意防止高温烘烤其他管道或电缆等。

11.6.9 发电机及控制箱接线应可靠,馈电出线的相序必须与原供电系统的相序一致。

条文说明

当负载有交流电动机时,若发电机馈电相序与原供电系统相序不同,电动机将反向运行,运行结果将难以预料。

11.6.10 发电机组至低压配电柜馈电线路的相间、相对地间的绝缘电阻值不应小于 0.5 MΩ。塑料绝缘电缆馈电线路应做直流耐压试验,电压为 2.4 kV,时间 15 min,泄漏电流应稳定,无击穿现象。

条文说明

由柴油发电机至配电室或经配套的控制柜至配电室的馈电线路,如为绝缘电线或电力电缆,通电前应按本条规定进行试验;如馈电线路为封闭母线,则应按现行《电气装置安装工程电气设备交接试验标准》(GB 50150)对封闭母线进行检查和试验。

11.6.11 机房的进风、排风应顺畅,且应有防止发电机废气及机房排出的热空气回流的措施。

条文说明

本条规定是为了保证发电机进气端获得足够的氧气,环境气温符合要求。

11.7 不间断电源(UPS)和应急电源装置(EPS)

11.7.1 安放 UPS 或 EPS 及蓄电池柜的槽钢基础应符合第 11.3.1 条的规定,设备垂直偏差应符合第 11.3.2 条的规定。

11.7.2 UPS 或 EPS 连线的线间、线对地间绝缘电阻值应大于 0.5MΩ。

条文说明

本条参照《建筑电气工程施工质量验收规范》(GB 50303—2002)制定。

11.7.3 UPS 或 EPS 输出端的中性线,必须与由接地装置直接引来的接地干线相连接,做重复接地。设备可接近裸露导体应可靠接地或接零,且有标识。

条文说明

UPS、EPS 输出端的中性线(N 极)通过接地装置引入干线做重复接地,有利于遏制中心点漂移,使三相电压均衡度提高;同时,当引向不间断电源供电侧的中性线意外断开时,可确保不间断电源输出端不会引起电压升高而损坏由其供电的重要用电设备。

11.7.4 蓄电池在运输、保管、安装过程中,不得承受强烈冲击和震动,不得倒置、重压、受潮、日晒和短路。

条文说明

考虑到蓄电池的结构特点及各部件的材料性能,为防止蓄电池损坏、腐蚀周围物品和污染环境,制定本条规定。

11.7.5 蓄电池到达现场后,应在规定的时间内进行安装和充电。安装前的保管应按设备技术文件要求进行。

条文说明

蓄电池到达现场后,超过产品规定的时间再进行安装和充电将使电池极板的活化物质受到损害,影响蓄电池的容量。

11.7.6 蓄电池安装应平稳、排列整齐、间距均匀;接线应准确,连接时应使电池抽头不受额外应力;接头连接部分应涂电力复合脂,螺栓应紧固。

条文说明

为减少接触电阻和防止腐蚀,接头连接部分应涂电力复合脂。

11.7.7 蓄电池的引出电缆宜采用塑料外护套电缆。电缆的引出线应标明极性,正极为赭色,负极为蓝色。

11.8 箱式变电站

11.8.1 箱式变电站的基础应高于室外地坪,周围排水通畅,结构应满足设计要求,且应有防止小型动物进入箱内的措施。

条文说明

箱式变电站本体一般有较好的防雨雪和通风性能,但其底部不一定是全密闭的,故应防止积水入侵。

11.8.2 箱式变电站应垫平放正,安装牢固。

11.8.3 金属箱式变电站箱体应可靠接地或接零,且有标识。

11.8.4 接地干线应与箱式变电站的接零母线和接地母线直接连接,所有连接均应可靠,紧固件及防松零件应齐全。

11.9 调试与检查

11.9.1 高压的电气设备、布线系统、继电保护系统的交接试验,必须符合现行《电气装置安装工程电气设备交接试验标准》(GB 50150)的规定。

条文说明

高压的电气设备和布线系统及继电保护系统,在建筑电气工程中,是电网电力供应的高压终端,在投入运行前必须做交接试验,试验标准统一按现行《电气装置安装工程电气设备交接试验标准》(GB 50150)执行。

11.9.2 低压的电气设备和布线系统的交接试验,应符合表 11.9.2 的规定。

表 11.9.2 低压电气交接试验表

序号	试 验 内 容	试验标准或条件
1	绝缘电阻	用 500V 兆欧表测试,绝缘电阻值不小于 1 MΩ;潮湿场所,绝缘电阻值不小于 0.5 MΩ
2	低压电器动作情况	除另有规定外,电压、液压或气压在额定值的 85%～110% 范围内能可靠动作
3	脱扣器的整定值	整定值误差不得超过设备技术条件的规定

条文说明

本条根据《建筑电气工程施工质量验收规范》(GB 50303—2002)制定。

11.9.3 箱式变电站的交接试验,应符合下列规定:

1 由高压成套开关柜、低压成套开关柜和变压器三个独立单元组合成的箱式变电站高压电气设备部分,必须符合现行《电气装置安装工程电气设备交接试验标准》(GB 50150)的规定。

2 高压开关、熔断器等与变压器组合在同一个密闭油箱内的箱式变电站,交接试验应按设备技术文件要求执行。

11.9.4 配电柜的手车或抽屉式开关柜在推入或拉出时应灵活,机械闭锁应可靠,电气操作、联动、互锁试验应正确、可靠。

11.9.5 母线装置安装完毕后,通电调试前应满足以下要求:

1 预埋件、开孔及扩孔等工程完毕。
2 保护性网门、栏杆及所有与受电部分隔绝的设施齐全。
3 其他受电后无法进行或影响安全运行的工作已完毕。
4 施工设施已拆除,场地已清理干净。
5 母线支架和封闭式母线、插接式母线的外壳接地或接零良好。
6 母线绝缘电阻测试和交流工频耐压试验合格。

条文说明

母线绝缘电阻测试和交流工频耐压试验应按现行《电气装置安装工程电气设备交接试验标准》(GB 50150)进行。

11.9.6 变压器通电试运行应在变压器及接地装置交接试验合格后进行。

条文说明

变压器安装好后,必须经交接试验合格,并出具报告后,才具备通电试运行条件。交接试验的内容和要求应符合现行《电气装置安装工程电气设备交接试验标准》(GB 50150)的规定。

11.9.7 柴油发电机空载试运行应在具备以下条件时进行:
1 油、气、水冷、风冷、烟气排放等系统和隔振防噪声设施安装完成。
2 按设计要求配置的消防器材齐全到位。
3 发电机静态试验、随机配电盘控制柜接线检查合格。

条文说明

柴油发电机组的柴油机需空载试运行,经检查无油、水泄漏,机械运转平稳、转速自动或手动控制符合要求,且发电机已做过静态试验,才具备条件做下一步的发电机空载和负载试验。为了防止空载试运行时发生燃油外漏、引发火灾等意外事故,应按设计要求或消防规定配齐灭火器材,同时还应做好消防灭火预案。

11.9.8 当发电机空载试运行和试验调整合格,且受电侧的开关设备、自动或手动切换装置和保护装置等试验合格后,应按设计进行负荷试验,机组和电气装置应连续运行12h无故障。

条文说明

与柴油发电机馈电有关的电气线路及其元器件的试验均合格后,作为备用电源才具有可靠性。

11.9.9 UPS、EPS安装完成后,调试与检查应符合下列规定:
1 应按设备技术文件的规定对蓄电池进行充电和放电。
2 在蓄电池5次充放电循环内,其常温下的放电容量不应低于设计放电容量。
3 其输出的电压稳定性、波形畸变、频率、相位、损耗、静态开关的动作等各项技术性能指标,应符合设备技术文件要求及设计要求。

条文说明

2 根据《电气装置安装工程蓄电池施工及验收规范》(GB 50172—92),若蓄电池经过5次充放电循环,容量仍达不到设计要求,则蓄电池不合格,应查明原因后采取相应措施,否则不能交付。

11.9.10 箱式变电站安装完毕送电投运前应进行检查,并应符合下列规定:

1 箱内及各元件表面应清洁、干燥、无异物。

2 操作机构、开关等可动元件应灵活、可靠、准确。

3 温度指示、温度控制、风机、凝露控制等装置的设备,应根据电气性能要求和设备使用要求进行检查。

4 所有主回路、接地回路及辅助回路接点应牢固、准确;低压每个输出回路标记应清晰,回路名称应准确。

5 变压器、高(低)压开关柜及所有的电器元件设备安装螺栓应紧固。

6 辅助回路的电器整定值应准确,仪表与互感器的变比及接线极性应正确,所有电器元件应无异常。

11.9.11 系统功能调试时,应模拟日常操作,系统动作应正确。在模拟发生输入停电、复电、回路启动或关闭时反应动作应迅速准确,互锁逻辑关系应符合设计,有远程控制功能的,远程控制应准确可靠。

12 中央控制管理设施

12.1 一般规定

12.1.1 中央控制管理设施施工内容主要包括控制台、机柜、信息显示设备、计算机及网络设备与软件的安装、调试及检查。

12.1.2 中央控制管理设施施工应在具备以下条件时进行：
1 房屋装饰装修工程已完成。
2 当控制室处于强电磁场或强振源、强噪声源附近等恶劣环境时，已采取有效的防治措施。
3 防静电地板安装已完成，并符合现行《防静电地面施工及验收规范》(SJ/T 31469)的规定。
4 防雷、接地、供电等设施已安装调试完成。

条文说明

1 已检查确认房建面积大小、空间跨度、层高、门窗大小位置满足设计要求；屋顶、吊顶施工完毕，不得有渗漏；室内地坪工程结束，房屋地面平整、光洁；门窗安装完毕，门的高度和宽度应不妨碍设备和器材的搬运，门锁和钥匙齐全；预埋地槽、暗管及孔洞和竖井的位置、数量、尺寸等满足设计要求。
2 为保证设备的安全和工作人员的身体健康，制定本条规定。

12.2 设备材料检验

12.2.1 控制台、机柜、信息显示设备、计算机及网络设备进场时包装应完好，设备外观应无损伤，规格、型号、数量应满足设计要求。

12.2.2 软件进场时，使用许可证、使用范围及版本应满足设计要求，文档资料应齐全。

条文说明

外购的应用软件应具备完整的文档，包括程序结构说明、安装调试说明、使用和维护说明书等技术资料。

开发的应用软件除可执行程序外,尚应包括下列 14 种文件:
(1)可行性研究报告;
(2)项目开发计划;
(3)软件需求说明书;
(4)数据要求说明书;
(5)概要设计说明书;
(6)详细设计说明书;
(7)数据库设计说明书;
(8)用户手册;
(9)操作手册;
(10)模块开发卷宗;
(11)测试计划;
(12)测试分析报告;
(13)开发进度报告;
(14)项目开发总结报告。

应用软件开发时应根据隧道的具体情况,将部分文件合并编写。在确保软件质量的基础上,为减少管理成本,允许软件开发存在一定的灵活性和创造性。

12.2.3 信息安全软件必须具有公安部计算机管理监察部门审批颁发的《计算机信息系统安全专用产品销售许可证》。

条文说明

公安部第 32 号令《计算机信息系统安全专用产品检测和销售许可证管理办法》规定:中华人民共和国境内的安全专用产品进入市场销售,实行销售许可证制度。安全专用产品的生产者在其产品进入市场销售之前,必须申领《计算机信息系统安全专用产品销售许可证》。

12.3 控制台

12.3.1 控制台的平面布置应符合设计要求。

12.3.2 控制台基础型钢的制作和安装应符合第 11.3.1 条的规定,台体的安装应符合第 11.3.2 条的规定。

12.3.3 控制台安装时,应保证散热空间,不得堵塞散热孔洞。

12.3.4 控制台设备应布局合理,安装稳固。接插件应安装牢固,接触可靠,接线整齐有序,标识清晰。

12.3.5 控制台的连接线缆应由下部引入,线缆两端应留有余量,并有永久性标识。

12.4 机柜

12.4.1 机柜前净距不应小于0.8m,机柜背面净距不应小于0.6m,壁挂式机柜底面距地面不宜小于0.3m。

条文说明

本条是为操作维护方便而制定的。

12.4.2 机柜基础型钢的制作和安装应符合第11.3.1条的规定。

12.4.3 机柜安装应牢固,并应符合下列规定:
1 垂直偏差不应大于10mm/m。
2 机柜成排紧密放置时,面板应在同一平面上并与基准线平行,前后偏差不应大于3mm,机柜间缝隙不应大于3mm。
3 机柜成排分散放置时,其面板前后偏差不应大于5mm。

12.4.4 机柜内设备、部件的安装,应在机柜定位完毕并固定后进行。安装在机柜内的设备应牢固。

12.4.5 机柜内设备应布局合理,保证必要的散热和维修空间;机柜内应留有不少于10%的卡件安装空间。

条文说明

由于机柜内设备长期处于工作或待机状态,如果散热不良,可能影响设备使用寿命及稳定性。

12.4.6 线缆布放应牢固、整齐,成端规范,标识清晰,预留长度适当,接线端子预留数量合理。

12.5 信息显示设备

12.5.1 信息显示设备主要包括监视器墙、地图板、大屏幕系统等。

12.5.2 监视器墙、地图板、大屏幕系统的安装方位、角度、高度应符合设计要求,设备后部净距不应小于800mm。

12.5.3 监视器墙、地图板、大屏幕系统的屏幕不应受外来光直射。

12.5.4 监视器墙、地图板、大屏幕系统的基础型钢制作和安装应符合第11.3.1条的规定。

12.5.5 设备应有通风散热措施,电磁屏蔽应满足设计要求。

12.5.6 线缆布线应整齐、标识清晰,预留长度应适当。

12.5.7 监视器墙的安装应符合下列规定:
1 监视器墙应按设计要求布局,监视器间距满足设计要求。
2 监视器墙支架应拼(焊)接完整,安装稳固,横竖端正。
3 监视器墙垂直偏差不应大于2mm/m。

12.5.8 地图板的安装应符合下列规定:
1 地图板应按设计要求布局。
2 地图板模块应拼接完整,安装稳固。
3 地图板板面应平整、线形流畅,垂直偏差不应大于2mm/m。

12.5.9 大屏幕系统的安装应符合下列规定:
1 大屏幕系统应按设计要求布局。
2 屏幕应平整整洁,拼接缝满足设计要求。

12.6 计算机及网络设备

12.6.1 设备应布局合理,安装牢固,标识清晰。

条文说明

标识上应标明设备的名称和网络地址。

12.6.2 网线接头、插座的制作应符合EIA/TIA568A或568B的规定,且在一个系统中只能选用一种制作标准,不得混用。

条文说明

　　EIA：美国电子工业协会；TIA：美国电信工业协会；568：国际综合布线标准。EIA/TIA 568A 标准线序是：绿白-1，绿-2，橙白-3，蓝-4，蓝白-5，橙-6，棕白-7，棕-8；EIA/TIA 568B 标准线序为：橙白-1，橙-2，绿白-3，蓝-4，蓝白-5，绿-6，棕白-7，棕-8。

12.6.3　光电缆布放时应路由正确、排列整齐、成端规范、连接稳固、标识清晰齐全，弯曲半径和预留长度应满足设计和有关规范要求。

12.6.4　设备安装时应根据设备散热要求保留必要的散热空间。

12.7　软件

12.7.1　应用软件设计、开发和管理应符合国家和行业有关标准、规范的规定。

条文说明

　　软件工程的标准化可以提高软件的可靠性、可维护性及可移植性；提高软件人员之间的通信效率，减少差错和误解；有利于降低软件的运行维护成本，缩短软件开发周期。

12.7.2　应用软件人机界面应符合友好、汉化、图形化要求，图形切换流程清楚易懂，便于操作，对报警信息的显示和处理应直观有效。

12.7.3　应用软件应具有可扩展性。

12.7.4　应用软件应有容错功能和分级保密功能。

12.7.5　应用软件应与管理要求相适应。

条文说明

　　隧道运营一般由隧道中央控制室集中管理。中央控制室接受隧道内及洞口监控设备采集的信息，综合分析处理后由中央控制室下达控制命令。中央控制室还应负责与隧道管理所、交警、火警、医疗、上级管理机构等有关部门联系，接受和上传相关信息给相应机构，进行信息的交流和沟通。特别是发生事故时，中央控制室应尽快完成救援和事故处理工作。因此，要求应用软件应符合所在地区对信息流程管理的要求，并根据管理要求来设置数据格式、数据存储方式、数据交换方式等，且根据管理所本身管理体制及监控要求，设置相应的管理界面、管理权限等。

12.7.6 应用软件安装前,应确认计算机及网络设备软硬件配置满足要求。

条文说明

软件配置应主要核对操作系统、数据库、接口等系统软件的版本和配置是否满足应用软件安装的要求。硬件配置应主要核对计算机 CPU、硬盘、内存、显卡和显示器规格型号是否满足应用软件安装的要求。

12.8 调试与检查

12.8.1 监视器墙的调试与检查应符合下列规定:
1 调试与检查应在被拍摄对象处于设计照度下进行。
2 观察位置应为监视人员工作时的位置,环境照明应为正常工作照明。
3 监视器视频信号应正常,图像应清楚,无雪花,无跳动或翻滚现象,图像上不应觉察有损伤或干扰存在。
4 图像切换功能应正常。

12.8.2 地图板的调试与检查应符合下列规定:
1 显示屏发光单元处于受控状态,各显示区域有信息显示时应清晰明亮、稳定。
2 显示内容应与现场设备工作情况、环境状况、交通流情况相符。

12.8.3 大屏幕系统的调试与检查应符合下列规定:
1 达到白色平衡时的亮度及亮度均匀度应满足设计要求;当设计没有要求时,亮度不应小于 $150cd/m^2$,亮度均匀度不应小于 90%。
2 应能正确显示摄像机图像和计算机界面,多窗口应能同时显示多个监视断面,应能对所选择的窗口随意缩放控制。
3 图像应清晰、稳定、无抖动,图像应明亮、色泽鲜艳可调。

12.8.4 计算机及网络调试与检查应符合下列规定:
1 计算机及网络设备线缆的接线图、衰减、近端串扰、回波损耗等指标应符合 EIA/TIA568 的规定。
2 连通性测试、路由测试、容错功能测试、网络管理功能测试应满足设计要求。
3 网络维护性测试和网络健康度测试应满足设计要求。
4 与外部系统连接的计算机网络系统必须安装防火墙和防病毒系统。

条文说明

2 连通性测试应符合下列规定:

（1）根据网络设备的连通图，网管工作站应能够和任何一台网络设备通信。

（2）各子网（虚拟专网）内用户之间的通信功能测试：根据网络配置方案要求，允许通信的计算机之间可以进行资源共享和信息交换，不允许通信的计算机之间无法通信，并保证网络节点符合设计规定的通信协议和适用标准。

（3）根据配置方案的要求，测试局域网内的用户与公用网之间的通信能力。

路由测试方法可采用相关测试命令进行测试，或根据设计要求使用网络测试仪测试网络路由设置的正确性。

容错功能的测试方法应采用人为设置网络故障，测试系统正确判断故障及故障排除后系统自动恢复的功能，切换时间应满足设计要求。测试内容应包括以下两个方面：

（1）对具备容错能力的网络系统，应具有错误恢复和故障隔离功能，主要部件应冗余设置，并在出现故障时可自动切换。

（2）对有链路冗余配置的网络系统，当其中的某条链路断开或有故障发生时，整个系统仍应保持正常工作，并在故障恢复后应能自动切换回主系统运行。

网络管理功能测试应符合下列规定：

（1）网管系统应能够搜索到整个网络系统的拓扑结构图和网络设备连接图。

（2）网管系统应具备诊断功能，当某台网络设备或线路发生故障后，网管系统应能够及时报警和定位故障点。

（3）应能够对网络设备进行远程配置和网络性能测试，提供网络节点的流量、广播率和错误率等参数。

3 主要测试以下6项指标：

（1）网络吞吐量；

（2）时延；

（3）帧丢失率；

（4）背对背帧处理；

（5）置位恢复速率；

（6）系统恢复速率。

12.8.5 应用软件调试与测试应符合下列规定：

1 调试与测试前应编制软件调试与测试方案。

2 调试与测试前应先对软硬件配置进行核对，确认无误后方可进行。

3 调试前应备好必要的调试用软件和工具，按照调试方案对软件进行调试。

4 调试和测试时应遍历应用软件的所有功能。

5 应采用系统的实际数据和实际应用案例进行测试，并做好相应的测试记录。

6 应用软件应进行功能测试和系统测试，还应根据需要进行性能、文档、可靠性、互连、回归等多项测试。

条文说明

6 性能测试：检查软件是否满足设计文件中规定的性能，应对软件的响应时间、吞吐量、辅助存储区、处理精度进行测试。

文档测试：测试用户文档的清晰性和准确性，用户文档中所列应用案例必须全部测试。

可靠性测试：对比软件测试报告中可靠性的评价与实际试运行中出现的问题，进行可靠性验证。

互连测试：应验证两个或多个不同系统之间的互连性。

回归测试：软件修改后，应验证是否因修改引出新的错误，即验证修改后的软件是否仍能满足系统的设计要求。

13 接地与防雷设施

13.1 一般规定

13.1.1 接地与防雷设施施工内容主要包括接地设施与防雷设施的安装、调试及检查。

13.1.2 接地与防雷设施施工应在具备以下条件时进行：
1 接地体施工范围内场地已清理。
2 接地干线的支撑结构已安装完毕，保护管道已预埋。
3 结构物主体工程、相关的预留孔洞、预埋件已完成。
4 雷电浪涌保护器的相关设备已安装到位，供电、信号、通信电缆已敷设完成。

13.2 设备材料检验

13.2.1 设备材料进场时，其规格、型号和数量应满足设计要求，说明书、材质检验合格证、产品检验合格证等资料应齐全。

13.2.2 雷电浪涌保护器应具有国家批准的防雷产品质量检测机构出具的检测报告。

13.2.3 接地体、接地线的结构尺寸、防腐层厚度应满足设计要求。

13.3 接地设施

13.3.1 垂直接地体埋设的间距不宜小于其长度的2倍，水平接地体的间距应满足设计要求。

13.3.2 接地体埋设时顶部深度不应小于600mm，角钢及钢管接地体应垂直配置。

13.3.3 接地体埋设位置距建筑物不宜小于1.5m。当接地装置埋设在距建筑物出入口或人行道3m范围内时，应采取均压措施，或铺设卵石或沥青地面。

13.3.4 接地体(线)应采用焊接连接,焊缝应饱满并有足够的机械强度,不得有夹渣、咬肉、裂纹、虚焊、气孔等缺陷,焊接处应作防腐处理。

13.3.5 搭接焊焊接应符合下列规定:
1 镀锌扁钢的搭接长度不应小于其宽度的2倍,三面施焊;当扁钢宽度不同时,应取宽度大者。
2 镀锌圆钢搭接长度宜为其直径的6倍,双面施焊;当直径不同时,应取直径大者。
3 镀锌圆钢与镀锌扁钢连接时,其搭接长度宜为圆钢直径的6倍。
4 镀锌扁钢与镀锌钢管或角钢焊接时,应在其接触部位两侧进行焊接,并应将扁钢弯成弧形与钢管焊接,或弯成直角形与角钢焊接。

13.3.6 接地干线的安装应符合下列规定:
1 接地干线敷设应平直,线形与构筑物边缘线平行。
2 室内的接地干线距地面不应小于200mm,距墙面不应小于10mm;接地干线穿墙时,应加套管保护。
3 室内的接地干线应设置断接卡子,可采用暗盒装入,同时加装盒盖并做接地标记。
4 扁钢作为接地干线敷设前应调直,埋地的扁钢应侧放,扁钢与接地体连接的位置应距接地体最高点约100mm。

13.3.7 接地体、接地干线敷设完成后,回填土内不应夹有石块和建筑垃圾,回填土不得有较强的腐蚀性,并应分层夯实。

13.3.8 设备的接地施工应符合下列规定:
1 隧道监控站的等电位接地端子板应设置在便于安装和检查的位置,不得设置在潮湿或有腐蚀性气体及易受机械损伤的地方,等电位接地端子板的连接点应满足机械强度和电气连续性的要求。
2 金属导体,如电缆保护钢管及电缆保护屏蔽层等均应在入户处做等电位连接,并接至总接地端子板。
3 光缆的金属铠装保护层、金属加强芯等,应在入户处直接接地。
4 机房内弱电设备的接地端,应采用截面积不小于$4mm^2$的多股绝缘铜线,连接至机架汇流排或机房汇流排上。
5 机房内强电设备的接地端应使用不小于其相线截面积的多股绝缘铜线连接至机房汇流排。
6 机房汇流排至总接地干线之间宜采用截面积不小于$16mm^2$的多股绝缘铜线连接。
7 隧道内弱电设备的接地端,应采用截面积不小于$4mm^2$的多股绝缘铜线连接至隧道接地干线。

8 隧道内强电设备的接地端,应采用截面积不小于16mm²的多股绝缘铜线连接至隧道接地干线。

9 多股绝缘铜线与汇流排连接时,必须加装接线端子,接线端子尺寸应与线径相吻合,不同材料连接时应采用过渡接头并涂导电脂。

13.4 防雷设施

13.4.1 接地及防雷装置应采取自下而上的施工程序,首先安装接地装置,其次安装引下线,最后安装接闪器。

13.4.2 电源浪涌保护器安装及接线应牢固可靠。各连接导线走线应短直、整齐,不得盘绕。

条文说明

连接线和接地线必须紧固、防松,防止雷电流通过时产生的线芯收缩造成连接松动。

13.4.3 电源浪涌保护器的连接线和接地线截面积应符合表13.4.3的规定。

表13.4.3 电源浪涌保护器的连接线和接地线截面积

被保护设备电源线截面积 S(mm²)	$S \leq 16$	$16 < S \leq 70$	$S > 70$
保护器连接线截面积(mm²)	S	16	16
保护器接地线截面积(mm²)	S	≥16	35

13.4.4 信号线路浪涌保护器的接地线宜采用截面积不小于1.5mm²的铜芯导线,接地线应平直,并应就近由被保护设备的接地汇流排(端)接地。

13.4.5 接闪器和引下线的制作与安装应符合下列规定:
1 接闪器与引下线之间的连接应采用焊接。
2 现场制作的钢制接闪器应镀锌,焊接处应作防腐处理。
3 接闪器应竖直安装牢固,垂直偏差不应大于3mm/m。
4 接闪器的引下线及接地装置使用的紧固件均应有防腐措施。
5 安装于金属构架上的外场设备设置独立接闪器时,可设置独立的接地装置,金属构架可作为接闪器的引下线。

13.4.6 变电所、监控站的防雷接地设施的安装尚应符合现行《建筑物防雷设计规范》(GB 50057)及《电气装置安装工程接地装置施工及验收规范》(GB 50169)的规定。

13.5 调试与检查

13.5.1 接地体和接地干线敷设完成后,在回填土前,应测试各独立接地网、接地系统的接地电阻,测试值应满足设计要求。

13.5.2 接地网施工完成后,应测试连接于同一接地网的各相邻设备接地线之间的直流电阻值,测试值不应大于 0.2Ω。

14 缆线及相关设施、设备基础

14.1 一般规定

14.1.1 缆线及相关设施、设备基础施工内容主要包括电缆桥架、支架、线槽、缆线管道的安装,光电缆敷设及设备基础的制作。

14.1.2 缆线及相关设施、设备基础施工应在具备以下条件时进行:
1 隧道内装饰工程已完成。
2 隧道内外预留孔洞、预埋管线、电缆井、电缆沟已完成,其尺寸、数量、位置满足设计要求及有关规范规定。
3 隧道外路基已完成。

条文说明

缆线敷设及洞外设备基础工作受土建工程制约大,因此,机电施工前,土建施工应完成,应尽量避免交叉作业。

14.2 材料检验

14.2.1 电缆的进场检验应符合下列规定:
1 电缆的型号、规格、数量应满足设计要求。
2 电缆应包装完好,封端严密,无压扁、扭曲和腐蚀;附件、资料应齐全;CCC认证电缆应具有相关标识。
3 电缆绝缘层应均匀,无老化现象,绝缘检测应合格。
4 电缆导通测试应合格。

条文说明

3 绝缘检测应满足下列要求:
(1)信号电缆:用1 000V兆欧表检测,芯线间、芯线对屏蔽、芯线对铠的绝缘电阻值不应小于500MΩ·km。
(2)控制电缆:用500V兆欧表检测,芯线间、芯线对铠的绝缘电阻值不应小于 50MΩ。

（3）工作电压为1kV 以下的电力电缆：用1 000V 兆欧表检测，芯线间及芯线对铠的绝缘电阻值不应小于50MΩ。

（4）1kV 以上的电力电缆：用2 500V 兆欧表进行绝缘检测，芯线间及芯线对铠的绝缘电阻值不应小于100MΩ。

14.2.2 光缆的进场检验应符合下列规定：

1 光缆的规格、型号、长度应满足设计要求；光缆包装应完好，外皮应无损伤，端头封装塑应良好、标识清楚，测试记录项目和指标应满足设计要求。

2 光纤衰减参数应满足表14.2.2的要求。

3 应对直埋光缆进行绝缘测试，光纤护层绝缘电阻不应小于1 000MΩ·km。

表14.2.2 光纤衰减参数

光 缆 模 数	单 模		多 模
波长（nm）	1 550	1 310	850
衰减（dB/km）	≤0.25	≤0.40	≤3.40

14.2.3 电缆桥架、支架、线槽的进场检验应符合下列规定：

1 电缆桥架、支架、线槽及其附件应完整，材料规格应满足设计要求；表面应光滑、平整，无扭曲变形和明显划痕；所有焊接应牢固，焊缝饱满，无夹渣、气孔。

2 钢质电缆桥架、支架、线槽应热镀锌，锌层应完整均匀。板材厚度不大于3mm 时，锌层厚度不应小于70μm；板材厚度大于3mm 时，锌层厚度不应小于85μm。

3 玻璃钢制桥架应按设计要求进行外观几何尺寸检查，表面应光滑，无气泡、塌陷、裂纹、毛刺等。

14.2.4 缆线导管的进场检验应符合下列规定：

1 导管的几何尺寸应合格，壁厚应均匀，内壁应光滑。

2 导管应无裂纹，金属导管应无毛刺，非金属导管应无压扁现象。

3 镀锌管应为热浸锌，锌层应完整均匀。管壁厚度不大于3mm 时，锌层厚度不应小于70μm；管壁厚度大于3mm 时，锌层厚度不应小于85μm。

14.3 电缆桥架、支架、线槽

14.3.1 电缆桥架的安装应符合下列规定：

1 桥架的托架或吊架的横向、纵向及高度偏差不应大于20mm，电缆桥架的托架或吊架的安装距离应均匀。

2 电缆托盘及其托架或吊架安装应牢固，螺栓应作防腐处理，并有防松动措施；电缆桥架安装完成后应横平竖直，线形良好、流畅。

3　金属电缆桥架每600m应有至少1处与接地或接零干线连接,全长应有不少于2处与接地或接零干线连接。

4　非镀锌的金属电缆桥架间连接板的两端应设跨接接地线,接地线截面积不应小于4mm²。

5　镀锌电缆桥架间连接板的两端可不设跨接接地线,但连接板两端应有不少于两个带防松螺帽或防松垫圈的连接固定螺栓。

6　直线段钢制桥架超过30m,铝合金和玻璃钢桥架超过15m时,应留有不少于20mm的伸缩缝,其连接宜采用伸缩连接板;电缆桥架跨越建筑物伸缩缝处,应设置补偿装置;金属电缆桥架伸缩缝连接处应设跨接接地线。

7　铝合金桥架在钢支架上固定时,应有相互间绝缘的防电化学腐蚀的措施。

8　非金属电缆桥架全长上应单独敷设接地线。

9　桥架安装前应对桥架底座做荷载试验。

条文说明

6　直线敷设的电缆桥架,要考虑因环境温度变化引起膨胀或收缩,所以要装补偿的伸缩节。

9　若设计无要求,试验荷载宜为设计荷载的4倍,抽检数量宜为总数量的3/1 000,试验时间宜为5min。试验应由有相应资质的质量检测单位进行。

14.3.2　电缆支架的安装应符合下列规定:

1　电缆支架间距应满足设计要求,若设计无要求时不应大于表14.3.2的数值,间距误差不应大于50mm。

表14.3.2　电缆支架安装间距(mm)

电缆种类		敷设方式	
		水平	垂直
信号电缆、控制电缆		800	1 000
电力电缆	全塑型	600	1 000
	除全塑型外的中、低压电缆	800	1 500
	35kV及以上的高压电缆	1 500	2 000

2　电缆支架安装应竖直、牢固,其水平、垂直偏差不应大于5mm;安装用螺栓应热镀锌,并有防松装置。

3　支架应可靠接地。

14.3.3　电缆线槽安装应符合下列规定:

1　线槽横向与纵向偏差不应大于30mm。

2　线槽安装应牢固,无扭曲变形,紧固件的螺母应在线槽外侧。

3 线槽伸入分线盒的长度宜为20mm。
4 非镀锌金属线槽间连接板的两端应设跨接接地线,接地线截面积不应小于4mm²;镀锌线槽间连接板的两端可不设跨接接地线,但连接板两端至少有2个带防松装置的连接螺栓。
5 金属线槽应可靠接地,且不应作为设备的接地导体。
6 监控中心、各现场监控站线槽宜装于静电地板下,强弱电线槽应分开设置。

14.4 缆线管道

14.4.1 洞外缆线管道应按设计及现场实际情况确定路由,管道的埋深应满足设计要求,沟底应平整、顺直,转角处应过渡顺适。

14.4.2 塑料管道敷设应符合下列规定:
1 应避免杂物进入塑料管中。
2 同沟敷设多根塑料管时,应采用不同颜色的塑料管或作其他分辨标志。
3 塑料管敷设的最小曲率半径不应小于塑料管外径的15倍。
4 塑料管的接口断面应平直、无毛刺,并采用配套的密封接头件接续。
5 石质沟内敷设塑料管时,应在上、下方各敷设100mm厚的碎土或沙土。

14.4.3 金属导管严禁对口熔焊连接。入户的金属导管应可靠接地。金属导管内外壁应作防腐处理。埋设于混凝土内的金属导管,外壁可不作防腐处理。

14.4.4 明配的电缆管应排列整齐,固定点间距均匀,安装牢固。

14.4.5 电缆导管的弯曲半径不应小于电缆的最小弯曲半径。

14.4.6 回填土前应先清除沟内的杂物、积水、淤泥。回填土内不应有直径大于50mm的石子、碎砖等坚硬物。

14.5 电缆敷设

14.5.1 电缆敷设应符合下列规定:
1 电缆敷设前应按设计和实际路径计算每根电缆长度,合理配盘。
2 电缆敷设前应做直流电阻和绝缘电阻测试,测试结果应符合有关规定。
3 电缆敷设时不宜有中间接头;若有接头时,接头应放入人井或电缆沟内,并记录,严禁在导管内接头。
4 电缆敷设时严禁产生绞拧、铠装压扁、护层断裂和表面严重划伤等缺陷。

5 电缆敷设时的最小弯曲半径应符合表14.5.1的规定。

表14.5.1 电缆允许最小弯曲半径

电缆种类	允许最小弯曲半径
信号电缆、控制电缆、聚氯乙烯绝缘电力电缆	10d
交联聚乙烯绝缘电力电缆	15d
钢铠护套橡皮绝缘电力电缆	20d

注：d为电缆外径。

6 电缆敷设时应排列整齐，不应交叉。
7 电缆标志牌应齐全、清晰。
8 信号电缆、控制电缆、电力电缆应分层布放。
9 电缆进入变电站、盘（柜）时，其管口应用耐火泥封堵。
10 电缆在终端、电缆井内应留有余量。
11 电缆中间接头宜采用热塑型电缆接头，热塑接头规格尺寸应与电缆规格匹配；电缆中间接头或分岔也可采用电缆穿刺器进行连接；接头的制作应使得芯线间连接良好、绝缘可靠、密封良好。
12 电缆头从开始剥切到制作完毕，必须连续进行，一次完成。
13 水平敷设的电缆在电缆首末端、转弯处、分岔处、电缆接头两端应进行固定；垂直敷设或超过45°倾斜敷设的电缆，在每个支架上应固定。
14 电缆清册、电缆布放断面图、接线图、隐蔽工程记录等应齐全、完整、真实。

条文说明

7 在电缆始末端、分岔处、拐弯处、接头处、隧道口、桥架的出入口、电缆井等处均应挂设标志牌。

标志牌应写明电缆编号、型号、规格、起止点、长度。

标志牌规格宜统一，能防腐，字迹清晰，不易脱落。

14.5.2 电缆在管道中敷设应符合下列规定：
1 电缆在管道中的填充率不应大于60%。
2 缆线穿管前应清除管内杂物和积水，管口应有防止损坏缆线的保护措施。
3 不同回路、不同电压等级、交流与直流的缆线不宜穿入同一导管内；三相或单相的交流单芯电缆不得单独穿于钢管内。
4 敷设时可采用无腐蚀性的润滑剂。

条文说明

3 三相或单相的交流单芯电缆不得单独穿于钢管内的规定是为了防止产生涡流效应。

14.5.3 直埋电缆敷设应符合下列规定：

1 直埋电缆应采用铠装电缆。

2 直埋电缆严禁位于地下管道的正上方或下方；直埋电缆的敷设路由应根据设计图纸进行现场踏勘，力求路径最短。

3 电缆埋深不应小于0.7m，穿越农田时不应小于1m，并均应在冻土层以下；当无法深埋时，可在排水性好的干燥冻土层或回填土中埋设，也可采取加套管等措施保护。

4 电缆施放后，应无明显的机械损伤，绝缘检测合格，回填土应分层夯实。

5 电缆的上、下部均应铺不小于100mm厚的软土或细砂，并加盖保护板，保护板应宽出电缆两侧各50mm。

14.5.4 设备配线应符合下列规定：

1 线缆应排列整齐有序，绑扎牢固，标识正确、清晰；预留长度应符合设计和使用要求。

2 设备接线应准确、牢固，电气连接应良好；每个接线端子的接线根数不应多于2根，端子排和导线标识应正确、清晰，符合设计要求，并附有接线端子图。

3 设备机柜和线缆间应作密封防潮处理。

4 电缆终端头应采用规格匹配的塑料干包电缆终端头，线鼻与芯线间应接触良好；终端头应绝缘可靠，密封良好。

14.6 光缆敷设

14.6.1 光缆敷设应符合下列规定：

1 光缆敷设前应清理施工现场，核查管孔位置，清刷管孔，清扫人孔，并按设计要求检查核对光缆子管数量、颜色。

2 敷设的光缆曲率半径不得小于光缆外径的20倍。

3 敷设光缆时，应在有可能出现拖、磨、刮、蹭的地方设衬垫物，并在牵引套和钢丝绳间设置转环，送入子管的光缆应保持平直；严禁扭曲、碾压光缆。

4 敷设后，应检查确认光纤无损伤。

5 人孔内的光缆应放在支架的托板上。

6 人孔内光缆应挂标志牌。标志牌内容应包括编号、型号、规格、起止方向，标志牌字迹应清晰，不易褪色。

7 光缆接头应安装牢固。

8 光缆接头应有清晰标识及编号。

14.6.2 光缆接续应符合下列规定：

1 光缆接续工作的地点，宜设在清洁干燥处，不应设在人孔内。

2 光缆接续应使用专用的接续材料。

3 光缆接续完毕,接头应有保护措施,接头盒应具有良好的密封防水性能。
4 在光缆接头处,两侧的金属构件不应做电气连通,但通信站或设备间内的光缆金属构件应相互连通,并接到接地汇流线上。

14.6.3 光缆敷设预留长度宜满足以下要求:
1 自然弯曲预留长度不宜小于 5m/km。
2 人孔内弯曲预留长度不宜小于 1m。
3 接头重叠预留长度不宜小于 6m。
4 设备处预留长度不宜小于 10m。

14.6.4 光缆中继段接续完成后,在两端的光纤配线架间,应对每根光纤的线路衰减和每个接头的接续损耗进行测试。单模光纤接头损耗不应大于 0.1dB,多模不应大于 0.2dB。线路衰减应符合第 14.2.2 条的规定。

条文说明

测试光纤的线路衰减和接头损耗,宜采用散射法(OTDR 法)。对常规单模光纤,测试应在 1 310nm 和 1 550nm 两个波长和 ABBA 两个方向进行,并做记录,且保存散射信号曲线图。

14.7 设备基础

14.7.1 设备基础采用槽钢制作时,槽钢焊接应牢固,焊缝饱满,无夹渣、气孔,表面平整,并应符合第 11.3.1 条的规定。

14.7.2 应检查确认洞外设备基础的地基承载力满足设计要求。

14.7.3 洞外设备基础的施工应符合现行《混凝土结构工程施工质量验收规范》(GB 50204)的规定。

14.7.4 基础顶面距地面高度宜为 50~100mm,基础外形尺寸偏差、对角线偏差、水平偏差不应大于 5mm/m。

14.7.5 预埋地脚螺栓的位置和相互尺寸应符合设计要求。当设计无要求时,螺栓中心距(在根部和顶部测量)偏差不应大于 2mm,顶端标高偏差不应大于 20mm,垂直偏差不应大于 0.5%;地脚螺栓露出长度至少应满足安装一个平垫、一个弹垫及两个螺母后丝扣可外露 2~3 扣的要求。

14.7.6 预埋板埋设后的水平偏差不应大于 3mm/m。

14.7.7 设备或设备支架的安装应在基础混凝土强度达到设计强度的 80% 以上后进行。

14.7.8 设备采用膨胀螺栓安装时，应符合下列规定：
1 安设膨胀螺栓的基础混凝土强度不得小于 10MPa。
2 基础混凝土有裂缝的部位不得使用膨胀螺栓。
3 膨胀螺栓的中心至基础或构件边缘的距离不得小于膨胀螺栓公称直径 d 的 7 倍。
4 膨胀螺栓底端至基础底面的距离不得小于 $3d$，且不得小于 30mm。
5 相邻两根膨胀螺栓的中心距离不应小于 $10d$。
6 膨胀螺栓钻孔安装时应避开基础或构件中的钢筋、预埋管和电缆等埋设物。

本规范用词用语说明

1 为便于在执行本规范条文时区别对待,对要求严格程度不同的用词说明如下:
1)表示很严格,非这样做不可的用词:
　　正面词采用"必须";
　　反面词采用"严禁"。
2)表示严格,在正常情况下均应这样做的用词:
　　正面词采用"应";
　　反面词采用"不应"或"不得"。
3)表示允许有选择,在条件许可时首先应这样做的用词:
　　正面词采用"宜";
　　反面词采用"不宜"。
4)"可"表示允许有选择。
2 条文中指定应按其他有关标准、规范执行时,写法为"应符合……的规定"或"应按……执行"。

公路工程现行标准、规范、规程、指南一览表

(2017年5月版)

序号	类别	编号	书名(书号)	定价(元)
1	基础	JTG A02—2013	公路工程行业标准制修订管理导则(10544)	15.00
2		JTG A04—2013	公路工程标准编写导则(10538)	20.00
3		JTJ 002—87	公路工程名词术语(0346)	22.00
4		JTJ 003—86	公路自然区划标准(0348)	16.00
5		JTG B01—2014	★公路工程技术标准(活页夹版,11814)	98.00
6		JTG B01—2014	★公路工程技术标准(平装版,11829)	68.00
7		JTG B02—2013	公路工程抗震规范(11120)	45.00
8		JTG/T B02-01—2008	公路桥梁抗震设计细则(13318)	45.00
9		JTG B03—2006	公路建设项目环境影响评价规范(0927)	26.00
10		JTG B04—2010	公路环境保护设计规范(08473)	28.00
11		JTG B05—2015	★公路项目安全性评价规范(12806)	45.00
12		JTG B05-01—2013	公路护栏安全性能评价标准(10992)	30.00
13		JTG B06—2007	公路工程基本建设项目概算预算编制办法(06903)	26.00
14		JTG/T B06-01—2007	★公路工程概算定额(06901)	110.00
15		JTG/T B06-02—2007	★公路工程预算定额(06902)	138.00
16		JTG/T B06-03—2007	★公路工程机械台班费用定额(06900)	24.00
17		交通部定额站2009版	公路工程施工定额(07864)	78.00
18		JTG/T B07-01—2006	公路工程混凝土结构防腐蚀技术规范(13592)	30.00
19		交通部2007年第30号	国家高速公路网相关标志更换工作实施技术指南(1124)	58.00
20		交通部2007年第35号	收费公路联网收费技术要求(1126)	62.00
21		交通运输部2015年第40号	★收费公路联网收费多义性路径识别技术要求(12484)	40.00
22		JTG B10-01—2014	公路电子不停车收费联网运营和服务规范(11566)	30.00
23		交通运输部2011年	公路工程项目建设用地指标(09402)	36.00
24	勘测	JTG C10—2007	★公路勘测规范(06570)	28.00
25		JTG/T C10—2007	★公路勘测细则(06572)	42.00
26		JTG C20—2011	公路工程地质勘察规范(09507)	65.00
27		JTG/T C21-01—2005	公路工程地质遥感勘察规范(0839)	17.00
28		JTG/T C21-02—2014	公路工程卫星图像测绘技术规程(11540)	25.00
29		JTG/T C22—2009	公路工程物探规程(1311)	28.00
30		JTG C30—2015	★公路工程水文勘测设计规范(12063)	70.00
31	设计	公路	JTG D20—2006	★公路路线设计规范(0996)	38.00
32			JTG/T D21—2014	公路立体交叉设计细则(11761)	60.00
33			JTG D30—2015	★公路路基设计规范(12147)	98.00
34			JTG/T D31—2008	沙漠地区公路设计与施工指南(1206)	32.00
35			JTG/T D31-02—2013	★公路软土地基路堤设计与施工技术细则(10449)	40.00
36			JTG/T D31-03—2011	★采空区公路设计与施工技术细则(09181)	40.00
37			JTG/T D31-04—2012	多年冻土地区公路设计与施工技术细则(10260)	40.00
38			JTG/T D32—2012	★公路土工合成材料应用技术规范(09908)	42.00
39			JTG D40—2011	★公路水泥混凝土路面设计规范(09463)	40.00
40			JTG D50—2017	★公路沥青路面设计规范(13760)	50.00
41			JTG/T D33—2012	公路排水设计规范(10337)	40.00
42		桥隧	JTG D60—2015	★公路桥涵设计通用规范(12506)	40.00
43			JTG/T D60-01—2004	公路桥梁抗风设计规范(0814)	28.00
44			JTG D61—2005	公路圬工桥涵设计规范(13355)	30.00
45			JTG D62—2004	公路钢筋混凝土及预应力混凝土桥涵设计规范(05052)	48.00
46			JTG D63—2007	公路桥涵地基与基础设计规范(06892)	48.00
47			JTG D64—2015	★公路钢结构桥梁设计规范(12507)	80.00
48			JTG D64-01—2015	公路钢混组合桥梁设计与施工规范(12682)	45.00
49			JTG/T D65-01—2007	公路斜拉桥设计细则(1125)	28.00
50			JTG/T D65-04—2007	公路涵洞设计细则(06628)	26.00
51			JTG/T D65-05—2015	公路悬索桥设计规范(12674)	55.00
52			JTG/T D65-06—2015	公路钢管混凝土拱桥设计规范(12514)	40.00
53			JTG D70—2004	公路隧道设计规范(05180)	50.00
54			JTG/T D70—2010	★公路隧道设计细则(08478)	66.00
55			JTG D70/2—2014	公路隧道设计规范 第二册 交通工程与附属设施(11543)	50.00
56			JTG/T D70/2-01—2014	公路隧道照明设计细则(11541)	35.00
57			JTG/T D70/2-02—2014	公路隧道通风设计细则(11546)	70.00

续上表

序号	类别	编号	书名(书号)	定价(元)
58	交通工程设计	JTG D80—2006	高速公路交通工程及沿线设施设计通用规范(0998)	25.00
59		JTG D81—2006	★公路交通安全设施设计规范(0977)	25.00
60		JTG/T D81—2006	★公路交通安全设施设计细则(12609)	50.00
61		JTG D82—2009	公路交通标志和标线设置规范(07947)	116.00
62	综合	交公路发〔2007〕358号	公路工程基本建设项目设计文件编制办法(06746)	26.00
63		交公路发〔2007〕358号	公路工程基本建设项目设计文件图表示例(06770)	600.00
64		交公路发〔2015〕69号	公路工程特殊结构桥梁项目设计文件编制办法(12455)	30.00
65	检测	JTG E20—2011	公路工程沥青及沥青混合料试验规程(09468)	106.00
66		JTG E30—2005	公路工程水泥及水泥混凝土试验规程(13319)	55.00
67		JTG E40—2007	★公路土工试验规程(06794)	79.00
68		JTG E41—2005	公路工程岩石试验规程(0828)	18.00
69		JTG E42—2005	公路工程集料试验规程(13353)	50.00
70		JTG E50—2006	★公路工程土工合成材料试验规程(0982)	28.00
71		JTG E51—2009	公路工程无机结合料稳定材料试验规程(08046)	48.00
72		JTG E60—2008	公路路基路面现场测试规程(07296)	38.00
73		JTG/T E61—2014	公路路面技术状况自动化检测规程(11830)	25.00
74	施工 公路	JTG F10—2006	公路路基施工技术规范(06221)	40.00
75		JTG/T F20—2015	★公路路面基层施工技术细则(12367)	45.00
76		JTG/T F30—2014	公路水泥混凝土路面施工技术细则(11244)	60.00
77		JTG/T F31—2014	公路水泥混凝土路面再生利用技术细则(11360)	30.00
78		JTG F40—2004	★公路沥青路面施工技术规范(05328)	38.00
79		JTG F41—2008	公路沥青路面再生技术规范(07105)	25.00
80	桥隧	JTG/T F50—2011	★公路桥涵施工技术规范(09224)	110.00
81		JTG/T F81-01—2004	公路工程基桩动测技术规程(0783)	20.00
82		JTG F60—2009	公路隧道施工技术规范(07992)	42.00
83		JTG/T F60—2009	公路隧道施工技术细则(07991)	58.00
84	交通	JTG F71—2006	★公路交通安全设施施工技术规范(0976)	20.00
85		JTG/T F72—2011	公路隧道交通工程与附属设施施工技术规范(09509)	35.00
86	质检安全	JTG F80/1—2004	公路工程质量检验评定标准 第一册 土建工程(05327)	46.00
87		JTG F80/2—2004	公路工程质量检验评定标准 第二册 机电工程(05325)	26.00
88		JTG G10—2016	公路工程施工监理规范(13275)	40.00
89		JTG F90—2015	★公路工程施工安全技术规范(12138)	68.00
90	养护管理	JTG H10—2009	公路养护技术规范(08071)	49.00
91		JTJ 073.1—2001	公路水泥混凝土路面养护技术规范(13658)	20.00
92		JTJ 073.2—2001	公路沥青路面养护技术规范(13677)	20.00
93		JTG H11—2004	公路桥涵养护规范(05025)	30.00
94		JTG H12—2015	公路隧道养护技术规范(12062)	60.00
95		JTG H20—2007	公路技术状况评定标准(13399)	25.00
96		JTG/T H21—2011	★公路桥梁技术状况评定标准(09324)	46.00
97		JTG H30—2015	公路养护安全作业规程(12234)	90.00
98		JTG H40—2002	公路养护工程预算编制导则(0641)	9.00
99	加固设计与施工	JTG/T J21—2011	公路桥梁承载能力检测评定规程(09480)	20.00
100		JTG/T J21-01—2015	公路桥梁荷载试验规程(12751)	40.00
101		JTG/T J22—2008	公路桥梁加固设计规范(07380)	52.00
102		JTG/T J23—2008	公路桥梁加固施工技术规范(07378)	30.00
103	改扩建	JTG/T L11—2014	高速公路改扩建设计细则(11998)	45.00
104		JTG/T L80—2014	高速公路改扩建交通工程及沿线设施设计细则(11999)	30.00
105	造价	JTG M20—2011	公路工程基本建设项目投资估算编制办法(09557)	30.00
106		JTG/T M21—2011	公路工程估算指标(09531)	110.00
1	技术指南	交公便字〔2006〕02号	公路工程水泥混凝土外加剂与掺合料应用技术指南(0925)	50.00
2		厅公路字〔2006〕418号	公路安全保障工程实施技术指南(1034)	40.00
3		交公便字〔2009〕145号	公路交通标志和标线设置手册(07990)	165.00

注:JTG——公路工程行业标准体系;JTG/T——公路工程行业推荐性标准体系;JTJ——仍在执行的公路工程原行业标准体系。

批发业务电话:010-59757973;零售业务电话:010-85285659(北京);网上书店电话:010-59757908;业务咨询电话:010-85285922。带"★"的表示有勘误,详见中国交通运输标准服务平台 www.yuetong.cn/bzfw。